coleção ● ▶ primeiros
29 ● ▶ ● ▶ passos

Horácio Gonzales

O QUE SÃO
INTELECTUAIS

EDITORA BRASILIENSE

Copyright © by Horácio Gonzales, 1981
Nenhuma parte desta publicação pode ser gravada,
armazenada em sistemas eletrônicos, fotocopiada,
reproduzida por meios mecânicos ou outros quaisquer
sem autorização prévia da editora.

Primeira edição, 1981
4ª edição, 1984
1ª reimpressão, 2001

Artistas Gráficos
Foto de capa: Carlos Amaro
Caricaturas: Emílio Damiani
Revisão: José E. Andrade

Dados Internacionais de Catalogação na Publicação (CIP)
(Câmara Brasileira do Livro, SP, Brasil)

Gonzales, Horácio
    O que são intelectuais / Horácio Gonzales. --
São Paulo : Brasiliense, 2001. -- (Coleção
primeiros passos ; 29)

    1ª reimpr. da 4. ed. de 1984.
    ISBN 85-11-01029-7

    1. Intelectuais I. Título. II. Série.

01-0752   CDD-305.52

Índices para catálogo sistemático:
1. Intelectuais : Classes sociais : Sociologia   305.52

editora brasiliense s.a.
Rua Airi,22 - Tatuapé
CEP 03310-010 - São Paulo - SP
Fone e Fax (11)218.1488
E-mail: brasilienseedit@uol.com.br
Home page: www.editorabrasiliense.com.br

ÍNDICE

— Entramos na Galeria............................. 7
— Primeiro quadro: o intelectual maldito 9
— Segundo quadro: o intelectual precursor... 25
— Terceiro quadro: o intelectual revolucionário... 44
— Quarto quadro: o intelectual populista 56
— Quinto quadro: o intelectual cosmopolita.. 70
— Sexto quadro: o intelectual orgânico...... 84
— Sétimo quadro: o intelectual do círculo do poder 102
— À saída da exposição, persiste a pergunta: o que são os intelectuais? 109
— Indicações para leitura 128

Para Florência.

ENTRAMOS NA GALERIA

Vamos observar alguns "quadros". Chamaremos, assim, às formas que os intelectuais escolhem para dar sentido a sua compreensão e a seus laços com a realidade. Preparemo-nos para contemplá-los desprovidos de tentações pejorativas ou pelo menos, no caso de existirem, como habitualmente acontece neste tema, sabendo que deverão ser uma companhia que finalmente teremos de tornar produtiva.

Como não nos deram, à entrada da galeria, nenhum catálogo, e o guia estava em seu dia de folga (não descartemos que foram omissões propositais), isso fará com que soltemos mais nossa imaginação.

Ao começarmos o percurso, tomamos também a liberdade de não fazer uma "história dos intelectuais". Sartre aparecerá antes que Maquiavel, tal como se um barroco aparecesse antes de um renascentista. Além disso, em cada "quadro", o visitante da galeria reconhecerá, talvez, elementos dos quadros vizinhos. Mas não se deve incomodar por isso, pois da mesma forma deve estar preparado para reconhecer traços de Matisse em Picasso ou, ainda, de Giotto em Degas. Nossos quadros foram escolhidos por estar, a maioria deles, relacionados com a linguagem habitual da época: o intelectual revolucionário... o intelectual orgânico. Outros formam parte de situações específicas que bem poderiam ser incluídas em alguma das anteriores, como o "intelectual cosmopolita" ou o "intelectual populista" ou até mesmo os que denominamos "intelectuais do círculo do poder". Mas uma obra maior às vezes nada significa, se não está acompanhada de suas derivações e desfechos, talvez menos importantes, embora acabem por fazê-la compreensível.

Além de tudo isso, começamos pelo que poderia ser o mais perturbador dos "quadros": os intelectuais malditos. Isto se deve a que nossa exposição dispôs seus materiais de tal modo a que nos deixa levemente intranqüilos desde o início. O ponto de partida será uma inquietação que nos manterá despertos para o que virá depois. É como colocar um quadro de Max Ernst antes de um de Modigliani.

Nossa entrada já está preparada. O "intelectual maldito", nosso primeiro "quadro", nos espera...

PRIMEIRO QUADRO:
O INTELECTUAL MALDITO

> Um intelectual, para mim, é alguém que é fiel a um conjunto político e social, mas não deixa de contestá-lo.
>
> Sartre

A expressão "poeta maldito" significa, antes de mais nada, que estamos por empregar a sensibilidade poética para nomear coisas "inomeáveis". Enfermidades, paganismos, loucuras, satanismos que envolvem a realidade de forma irremediável. Mas essas fatalidades têm seu avesso e também trazem graças, alívio e até a glória. O proclama dessas ações e atitudes paradoxais encontra-se em duas obras que são um marco do gênero maldito: *As flores do mal*, de Baudelaire, e *Uma Estadia no inferno*, de Rimbaud. Nosso percurso vai começar supondo que essas visões, antecipadas pela poesia lírica francesa da segunda metade do século XIX, são também o material a partir do qual se forja um tipo de intelectual cujas feições trataremos de identificar, tal como aparecem em nossa época.

Qual é o primeiro traço que prende nossa atenção quando se ligam os caracteres malditos com a prática intelectual? O intelectual produzido por esse cruzamento converte-se em testemunha de um tempo de desordem. Consegue perceber apenas o que está convulso. Não dá normas a ninguém nem detém nenhuma coisa. Mostrando a desordem sem pensar em controlá-la, mostra, na verdade, que há na natureza das coisas algum elemento que obriga a deixá-las sem governo.

Como testemunha, pede que todos acreditem não porque possua uma chave da realidade, mas porque sua verdade apresentará a realidade alterada. Para acreditar há que descrer de outra coisa. Por isso, trazer a verdade para um lugar inesperado é a especialidade do intelectual maldito. Assim, não é testemunha dos tempos, mas do que está desencaixado nas realidades históricas. Até aí, nada deveria incomodar-nos. Mas o intelectual maldito oferece a principal habilidade de seu ofício, ao passar ele mesmo a ser esse elemento desencaixado do real.

Somente assim acredita que poderá assumir a condição de testemunha. Vendo, em si mesmo, os signos inacreditáveis de "o que será", mas sem saber transmitir conteúdos. Ele especializa-se em imprecisos contornos.

Pela imprecisão, pelo incompleto, pelo misterioso e pelo submerso, convence e comove. Quando descobre que é assim, não pode evitar que se lhe diga *maldito*. E os demais não podem evitar sentir-se amaldiçoados por ele. O prazer da verdade consiste em execrar e ser execrado e nada de verdadeiro pode existir fora do jogo de considerar-se absolutamente livre e, ao mesmo tempo, pertencente a todas as misérias do mundo. Deste paradoxo surge nosso primeiro quadro, o *intelectual maldito*.

Revisemos uma das mais sólidas peças literárias de Sartre. Sua autobiografia inconclusa, *As Palavras*. Aí ele diz que está condenado a tornar-se traidor e a não deixar de sê-lo. Obtém prazer em se renegar. Trair-se é a única forma de usufruir as paixões. Ele quer que seja assim: o sentimento da futura traição despertará o gosto pela ação presente, instante pleno que lhe pertence mas que sabe que rejeitará. A paixão poderá ser vivida enquanto se deixa trair, e a essência da tarefa intelectual consiste, então, em construir traições àquilo mesmo a que se é fiel. Certamente, nada avançaríamos se chamássemos de "existencialista" uma atitude que, na verdade, recolhe as tradições francesas dos "malditos". Eles não dizem que não pertencem a seu tempo, mas que pertencem e não pertencem simultaneamente, que se afirmam e se negam em um só gesto.

É possível e também necessário acreditar nos conjuntos coletivos, quer dizer, nas causas em movimento, na história como possibilidade aberta e promissora. Mas também é possível e necessário trair esses conjuntos históricos. Não ficar preso a uma história linear, já pronta. Pronta inclusive no fato de que nos digam como será. A fidelidade a um movimento progressivo histórico só se verifica se há contestação a esse próprio movimento, desde seu próprio interior. Como? Não esquecendo que um processo coletivo — as classes sociais na cena histórica — sempre está produzindo personagens singulares cujas biografias não são uma rígida transcrição da história na vida dos indivíduos, mas reinvenções pessoais das circunstâncias sociais mais gerais. Já estamos preparados, então, para perceber o que Sartre nos quer dizer: para ser fiel à história há que atraiçoá-la com a biografia. Por isso toda biografia aparece como uma *fuga*. Sempre estamos em fuga. Mas não é só isso. Sempre somos modelados. O conjunto social sempre modela. *Fugir enquanto se é modelado*. . . falta algo mais para definir o intelectual que escolhe amaldiçoar e ser amaldiçoado? Assim, diz Sartre, eu me criei.

O que aconteceria se apenas fôssemos fiéis? Perderíamos a condição de homens livres. O que aconteceria se apenas soubéssemos contestar?

O que são Intelectuais

Nelson Rodrigues na sarjeta. Sartre vendendo jornais.

Nossa liberdade seria inútil, não teria paixões, a ninguém interessaria. Se a fidelidade a uma luta social nos dá o sentido da militância, a intranqüilidade interior com que nos situamos dentro dessa luta nos dá o sentido da aventura. Pode conservar-se esse equilíbrio?

Dificilmente. A situação, assim colocada, interessa-nos porque os equilíbrios sempre são rejeitados. Vejamos essas rejeições, que é onde o intelectual maldito aparece em sua mais plena forma.

O que pensaríamos de alguém que escreve que tem *horror a todos os empregos*? Não apressemos a ironia, o festejo ou a reprovação. Isso foi o que escreveu o adolescente Rimbaud em sua *Uma Estadia no inferno*. Queixa-se o poeta. Operários e patrões, ele diz, são todos rústicos e ignóbeis. A mão que escreve corre sempre perigo. O perigo de ser confundida com a mão que lavra. Estamos diante do limite da maldição. O trabalho é amaldiçoado. E o poeta torna-se aventureiro, resolvendo assim o conflito. A "mão que escreve" abandona seu infernal e sublime ofício sem encontrar o trabalho, mas a aventura... na África... contrabandeando armas para enriquecer-se e imaginando terminar seus dias no seio duma família burguesa bem constituída, sonhando em ter um filho talvez engenheiro, talvez poderoso. Havia exclamado Rimbaud: "Que século das mãos!... jamais entregarei as minhas!" Nunca

O que são Intelectuais   **15**

as entregou. E justamente num século e na mesma época em que é publicado um estudo fundamental sobre "as mãos", sobre o trabalho: *O Capital*. A opção rimbaudiana condena sua época, amaldiçoa o trabalho e parte para a aventura, embora pensando num reingresso glorioso ao mundo, nos braços da riqueza e do poder da ciência. Ser intelectual não era uma vocação mas uma maldição. Grandes personagens de romance construíram-se a partir desta idéia. Com ela, até o romancista Thomas Mann forja seu Tonio Kroeguer.

O adjetivo *maldito* (que é de Verlaine, destinado a identificar a poesia de seu amigo Rimbaud) encerra uma lapidar sugestão sobre qual é a relação entre o intelectual e a sociedade. Uma relação que é tanto mais frutífera quanto maior é o desencontro. Rimbaud não escreveu livro de aventuras nenhum, mas um denso poema lírico. Mas na verdade, seu "texto" não escrito foram seus anos épicos no deserto, junto aos chefes abissínios que lutavam pela independência nacional e junto aos traficantes europeus que pontilhavam a África.

E quando a aventura é relatada, quando o "tema" do intelectual é sua própria conversão em aventureiro? Deixará de ser intelectual de uma forma, para sê-lo de outra. Esse "novo" intelectual assim gestado não raro fruirá muito mais seus comprometimentos possíveis com marginais, derrotados, vencidos e humilhados.

Mas agora nos interessa mais o caso daquele intelectual que, como cronista épico, se situa no bando que representa a sociedade triunfante. Converte-se, assim, em testemunha de uma vitória sobre a inferioridade cultural e sobre as emoções arcaicas que, ainda muito fortes, são incapazes de organizar racionalmente uma sociedade. Mas, se é testemunha profunda e, portanto, mergulha de algum modo no exercício da maldição, não poderá evitar deixar-se levar secretamente por uma simpatia pela parte da realidade que foi aniquilada. É o conflito com o qual se defronta Euclides da Cunha ao explicar Antônio Conselheiro, a quem vê sintetizando crenças e superstições que, seja como for, caracterizam o "temperamento brasileiro". E os críticos da época não deixaram de advertir, um tanto surpresos, que o cronista apresenta os vencidos como "a rocha viva de nossa raça".

Esta relação com o vencido é um pequeno suicídio ritual, sem sangue... apenas uma autoflagelação. Os extremos desta atitude encontram-se nas crônicas arábicas do coronel inglês T. E. Lawrence. Sobre este modo amaldiçoante da vida intelectual paira sempre a sombra do suicídio imaginário, que nem sempre tem a ver com o suicídio real. O suicídio é a maneira de apagar a distância entre a sociedade impossível (mas real na literatura) e a sociedade real (mas impossível na literatura).

O que são Intelectuais

Alguns paradoxos em relação a isto: em Albert Camus o suicídio está presente na obra, mas ele não se suicida. No sociólogo francês Nicos Poulantzas, nada de sua obra sugere, nem remotamente, o suicídio, mas ele se suicida. No suicida Maiacovski, entretanto, o suicídio está prefigurado: "Penso muito amiúde/talvez seja melhor dar a minha vida/o ponto final de um balaço". E diz Vargas Llosa, o romancista peruano: "Passou por minha cabeça a idéia do suicídio", mas encontrou consolo reparador no suicídio literário de Madame Bovary. "Uma velha obsessão da adolescência e boa parte da maturidade, antes que eu começasse a escrever romances, me voltou insistentemente à cabeça: o suicídio", afirma Paulo Francis nas suas memórias, *O Afeto que se encerra*. Este último autor dedica sua tarefa jornalística a detectar o "núcleo moral em dissolução" e a progressiva brutalização das sociedades. Francis traça um forte contraste entre a idéia de uma catástrofe geral que se avizinha e o refúgio inútil mas prazeroso no universo estético pessoal.

"Terminaremos todos entrincheirados em nossos apartamentos, enquanto os guerrilheiros de 'cor' abrem fogo contra nós das ruas." Com ligeiras variações, é assombroso até que ponto a obra jornalística de Francis segue o modelo de Karl Kraus, o jornalista da Viena do princípio do século, sutil comentarista de como qualquer realidade social vai marchando para o cataclisma final.

O jornalista, assim, nos fala desde a cadeira cativa que tem assegurada em algum coro grego.

Mas se os intelectuais pensam no suicídio ou em construir trincheiras para uma salvação impossível, pode pensar-se, também, que uma forma efetiva da *maldição* é considerar-se uma parte assumida do mal e advertir os outros de que é inútil afastar-se, pois todos serão igualados. Baudelaire se dirige a um leitor que apostrofa ("hipócrita leitor, meu semelhante, meu irmão"), sugerindo nas páginas de *As Flores do mal* que as multidões amorfas e nervosas das ruas antecipam um estouro lírico da alma. E o "conde" Lautréamont, em seus *Cantos de Maldoror*? Ele também dedica suas páginas, que considera cheias de veneno, a um leitor que supõe afoito. Somente poucas pessoas poderiam não correr riscos ao saborear essa literatura, concebida como fruto amargo, alerta de início o poeta.

O caminho que percorre a consciência do maldito, a carreira do mal em que se empenha o próprio personagem de Lautréamont permite-nos supor que o intelectual tenta "fechar" o círculo de sua pertinência social declarando sua própria hipocrisia, crueldade, ódio, safadeza, loucura, ferocidade e capacidade de infernizar qualquer coisa, como a essência mesma da realidade da qual fala. Lautréamont diz orgulhar-se de serem os pensamentos altivos e maldosos de Maldoror, seu herói, comuns a todos os homens.

O que são Intelectuais

O herói é herói porque encarna suas doenças, chagas e feridas como revelação das próprias mazelas do mundo. Mas este sentimento não é exclusivo da consciência lírica. Também foi sentido por um pensador social tão complexo e influente como o erudito alemão Max Weber. No final de sua vida, lá pelos anos 20 de nosso século, desencantado e agourento, o último sábio que aceitou para si o nome de sociólogo dizia que a reflexão científica fazia com que devêssemos nos resignar pelo fato de o mundo ter-se despojado de magia. E como muito provavelmente sobreviesse a noite polar e a sociedade perdesse sentido, as formas de ação cada vez mais se pareceriam às dos santos de Dostoievsky ou, senão, cada vez mais o agir político adquiriria formas diabólicas. O cientista estava, aqui, muito próximo à reflexão sobre o núcleo "maldito" da sociedade. E ainda que nunca tivesse fugido para nenhum rincão exótico, Weber aproxima-se fugazmente aos conselhos de operários que fervilham nesse momento na Alemanha.

O intelectual "maldito", como no *Livro das Imagens*, de Rilke, pensa que vai ser dilacerado por cem cães. Então reintegra no mundo essa consciência dilacerada e, proibindo-se qualquer ação, esperará ansiosamente que se possa esquecer sua possível mesquinhez e desdita, pelos bons serviços prestados como testemunha dos tempos. Mas, se o intelectual maldito, pelo único fato de ser portador explícito dos "males" com que a vida se fere, considera que sua missão está cumprida, devemos perguntar-nos se está muito próximo dessa atitude que se apresenta como uma promessa de vida plena e de redenção social e que, para chegar a esses objetivos, tenta o caminho da humilhação pessoal, da autoflagelação. Vejamo-la.

O intelectual — diz-se — nada compreenderá da vida social se não ensaiar em seu próprio corpo e com sua própria vida todas as formas possíveis de humilhação social, encarnando e sofrendo em carne viva as rotinas sociais da opressão. É momento, então, de falar brevemente de Simone Weil. A filósofa francesa tinha uma visão devocional da política. Nenhuma expressão política conseguiria ser válida se não envolvesse uma *consagração íntima*: viver a vida do injustiçado, incorporar na tua própria vida as condições de vida do ofendido, assumir o lugar do oprimido para poder falar da opressão. Isso a leva a trabalhar de operária nas fábricas francesas de automóveis ou a participar nos regimentos republicanos na guerra civil espanhola e nos comitês da Resistência francesa contra os nazistas. Seu aporte mais importante consiste numa palavra, num conceito, numa atitude: *o enraizamento*. Ela queria dizer com isso que era possível "enraizar" a cultura intelectual com a prática e a vida operária. Mas por que, pergunta-se Simone, os intelectuais burgueses

O que são Intelectuais

progressistas costumam fracassar quando se trata de realizar essa junção? Porque tentam reduzir ou vulgarizar os mais altos produtos da cultura para atingir os níveis de compreensão inferiores. Desta forma se produz um fraco gesto "obreirista", que nada mais faz do que disfarçar um "intelectualismo" que permanece inabalado embaixo das vestes pedagógicas. Ao invés, afirma Simone Weil, para enraizar basta realizar boas *traduções*. Dediquemos um pouco de atenção a este conceito simples mas fundamental de Simone. Traduzir significa que a verdade é uma só e que ela se encontra nos suplícios diários da condição operária. Ora, ela pode expressar-se tanto sob o teto cotidiano da vida de trabalhador na fábrica como nas obras dos "grandes intelectuais" e nos produtos mais "elevados" da cultura. Se há uma unidade de experiências sociais que origina toda a vida cultural, por que um operário não vai compreender a poesia grega? Ela não é alheia, pois fala de uma única desesperação universal. Quando um personagem das tragédias clássicas olha para suas mãos, desesperado, pois lhe tiram o arco no meio da batalha, nos está falando tão diretamente da impotência do desemprego, que não é preciso "descer ao povo" para explicar nada. Já tudo está explicado, bastando saber traduzir uma situação na outra. E com uma bela imagem, arremata Simone Weil: se todo o verdadeiro é traduzível, é porque todo o traduzível é verdadeiro. A única forma de não se sentir humilhada, então, era colocar-se no cerne mesmo da humilhação: aí está o centro da verdade e o começo da libertação.

Mas não nos aventuramos ao supor que aqui também há uma atitude "maldita"? Se a filósofa nos fala de enraizar-se no mundo do trabalho, como conciliar essa ação com aquelas outras que dizem ter horror do trabalho, ou se oferecem apenas para espelhar o veneno que se agasalha em toda vida social, ou que afirmam que as fidelidades têm sentido na sua transitoriedade?... Todavia, sendo o *intelectual maldito* alguém que dedica o essencial de sua reflexão a se autocomover, a abalar a si mesmo, a se flagelar confiando que a melhor obra é a que contém uma descoberta mortal para o próprio descobridor, não é difícil reconhecer estes traços em todos os escritos e no exemplo pessoal de Simone Weil. Além do que, para o intelectual maldito não há diferença prática entre o pensamento e o exemplo pessoal. Porque, se não é profeta nem militante, o único terreno que dispõe para demonstrar alguma coisa é seu próprio corpo, sua própria vida. O filósofo alemão Edmund Husserl imaginou para seus congêneres o destino de "funcionários da humanidade". O intelectual formaria parte de um gigantesco órgão cerebral coletivo encarregado de formular rigorosamente todos os horizontes do saber disponível da época. Nada mais

Simone Weil – o intelectual no mundo do trabalho.

distante do intelectual maldito, que, na verdade, mais do que um funcionário é um guerrilheiro da humanidade. Não que seja um contestador. Muito pelo contrário. Agindo a maioria das vezes dentro da ordem estabelecida, ele a põe em xeque com o recurso, apenas, de acentuar alguns de seus traços grotescos. Se aquela velha frase — "a paixão inútil" — tem sentido, é aqui que o tem. Não se sabe se condena horrores e perversões porque, na verdade, quer mostrá-los; não se sabe se fala de purezas e valores sagrados para poder estabelecer, na verdade, um jogo de profanações. Se é funcionário "do mal", antes de nada aprende a ser ambíguo e a exibir tudo por vias travessas. O intelectual maldito, "funcionário da paixão inútil", bem pode ser o "Nelson Rodrigues" da humanidade.

Mas já é momento de abandonar este setor da galeria. Antes que o visitante se pergunte se era verdadeiramente necessário começar observando "frutos amargos", já estamos aconselhando-o a dirigir seus passos ao próximo quadro.

SEGUNDO QUADRO:
O INTELECTUAL PRECURSOR

> Para os homens insurgirem-se, foi necessário antes espantarem-se.
>
> Lucien Febvre.

Também o precursor é aquele que parecerá sentir-se mais à vontade quando o pensamento se encaminha a não reproduzir as realidades mentais existentes. De repente, alguém põe-se a pensar sobre bases conceituais novas. E sabe que essas bases novas terão repercussão social. Ele, porém, não amaldiçoará ninguém. Procurará as conseqüências coletivas de suas descobertas. Sentir-se-á envaidecido ou sofrerá por elas. Sabendo-o ou não, se converterá num ativista.

O perfil do intelectual precursor, todavia,

resulta num cativante problema, que focaliza a relação do conhecimento com as bases sociais que sustentam qualquer forma de compreensão da realidade.

O historiador francês Lucien Febvre dedica belas páginas ao tema, com o intuito de estudar as sociedades através dos valores e crenças de uma época e, portanto, através do declínio e aparecimento de conhecimentos e formas de mentalidade que supõem uma ruptura em relação aos marcos ideológicos anteriores. Febvre exemplifica o caso do intelectual capaz de formular crenças e conceitos não incluídos nos valores existentes num dado momento em uma sociedade, com a obra de Rabelais. Era possível pensar à margem do senso comum e da religiosidade básica de uma época? E, no caso de Rabelais, era possível fazê-lo dentro de uma sociedade envolvida na poderosa teia de cristianismo do século XVII? A resposta afirmativa a estas perguntas Febvre a obtém por meio de um cuidadoso levantamento de todos os componentes mentais que alimentam a rede de valores, que organizam tanto a vida cotidiana da sociedade, como seus grandes sistemas ideológicos.

O precursor se espanta. O intelectual maldito também vive de seus espantos. Mas no primeiro caso o espanto conduz a uma insurgência que não estava socialmente prevista e que virá a influir nas condutas de milhares e milhares de pessoas,

O que são Intelectuais

as quais organizarão sua vida, explicitamente, sobre valores novos. O precursor formula problemáticas que estavam "no ar" e para as quais parecia que ainda não havia resposta social. O precursor é o início dessa resposta.

O precursor — e não o maldito — é um homem efetivo da realidade. Este conceito pertence a Nietzsche. O que quer dizer? Que o homem da realidade consegue sê-lo graças ao fato de banir sua qualidade de filósofo? Muito pelo contrário. Estando ausente essa qualidade "prática", ninguém pode ser realmente filósofo, mas apenas um erudito. Todavia, Nietzsche vai mais longe. Sua forma de ser filósofo (isto é, sendo ao mesmo tempo homem prático) consiste em ver as coisas *pela primeira vez*. É isto possível? Como seria viável pensar sem nenhum condicionamento social? Ora, nesta versão extremada do tema do precursor, age-se sempre "pela primeira vez". O intelectual é "uma imagem abreviada do mundo" e "retira de si" a maior parte dos ensinamentos. Não deixa que se interponha entre sua consciência e a realidade nada que tenha sido anteriormente conceitualizado. Portanto, as histórias coletivamente já vividas podem declarar-se como insubstanciais para definir o que é o conhecimento e a verdadeira ação. Se os artistas e intelectuais pensavam sob a proteção da cultura histórica estabelecida, isso, em vez de sustentá-los, os asfixia. E contra isso protesta Nietzsche. Protesto banal? Torpeza messiânica? Impudicícia megalomaníaca? Mas é evidente que, se o filósofo nada é à margem do "homem prático", o saber intelectual deverá ser, então, essa terrível inocência que lhe possibilita não obedecer à história.

Seja como for, esta distinção entre o filósofo e o erudito, entre o saber e a repetição vulgar, sobrevoa permanentemente qualquer tarefa intelectual. Sem esses tons atrozes com que Nietzsche expõe tudo, o tema volta a aparecer, certamente de maneira mais "civilizada", nas reflexões popularizadas nas últimas décadas pelo ensaísta francês Roland Barthes. Há *escritores* e *escreventes*, diz Barthes. Sigamos por um momento esta idéia, pois ela também envolve a questão do precursor.

Sem nada saber antes sobre o que nos quer dizer com esta contraposição, permitimo-nos suspeitar de alguma coisa. Quem diz "escrevente", está querendo assinalar um aspecto menor e até rotineiro da tarefa do escritor. Até a palavra tem uma habitual utilização administrativa. Isto fica mais claro na medida em que se contracena com a palavra "escritor". Depois de afastado o sentido administrativo do termo, resta a parte mais substanciosa, o filé-*mignon*, para adjudicá-la ao "escritor". Com efeito, enquanto o escrevente reduz a linguagem a um simples instrumento doutrinário, de comunicação imediatista e testemunhal, segundo o sentido original do termo (o sentido de *clérigo*, aquele que registra os fatos

O que são Intelectuais 29

que vão acontecendo numa instituição qualquer), o que o escritor cultiva é a letra, a palavra: através da linguagem vai descobrindo as armadilhas da realidade e das formas de dominação. A maneira tradicional de empregar o conceito "intelectual" atrelar-se-ia ao escrevente, que no caso pode ser um pesquisador da universidade, qualquer tipo de professor ou jornalista, redator publicitário ou cronista, que "fazem literatura". O escritor se assemelharia mais ao precursor. Ao filósofo. Mas Barthes pára por aqui. E logo apresenta as bases da reconciliação entre as duas metades cindidas. Na verdade, nos dirá o irriquieto ensaísta, o que existe é o tipo bastardo, o escritor-escrevente. Sempre somos um pouco mais do que intelectuais e um pouco menos do que filósofos. Ou, senão, nenhum filósofo deixa de ser um professor chato, assim como nenhum intelectual de alguma "linha de montagem" escolar deixa de ter traços de filósofo. Finalmente, a sociedade os confina ao gueto das universidades, embora diga que precisa deles. Quase no exato momento de se converter em precursor, o intelectual descobre seus limites, os limites institucionais da palavra, e apenas lhe resta o festim cético de acenar com suas impotências. Roland Barthes poderia situar-se melhor no primeiro trecho da galeria que estamos visitando. Quis apresentar-nos o Precursor, mas na verdade nos entrega uma refinada versão do amaldiçoador.

Isso, porém, não é de se estranhar. O Intelectual Maldito vive sua liberdade de ação como um fato que ninguém absolutamente poderá discutir-lhe. Está "desprendido" de tudo e de todos. E depois, quando faz sua escolha, qualquer escolha, qualquer opção na sociedade dos homens e de sua época, ela pode ser inteiramente livre e "criar o mundo de novo". Poderá se converter em operário, industrial, contrabandista, guerreiro ou jornaleiro, pois, sendo livre de antemão e sem condicionamentos, atar-se às coisas da realidade crua não faz mais do que aperfeiçoar seu olímpico senso de libertação. Não acontece o mesmo com o Intelectual Precursor. Ele quer ser livre, *mas na sociedade*. Quer arrancar essa liberdade a partir das forças que numa sociedade condicionam o pensamento. Quer apresentar a liberdade como sendo resgatada dos fatos sociais que a acorrentam. Quer demonstrar que, precisamente porque a sociedade produz toda a vida intelectual, a conquista de um ponto de vista superior e menos vulnerável, pelas necessidades dos grupos e das classes sociais, será nas próprias sociedades históricas que vai ser obtida. Como surge, então, esse *intelectual livre*, esse precursor que nos convence de sua eficácia justamente pelo fato de que pertence à mesma realidade da qual vai falar e que quer transformar?

Este é um tema clássico. Talvez não haja nenhum outro tema mais persistente que este, quando se trata de identificar as relações do intelectual com o conjunto da vida social.

Tentaremos ver como é considerado nas reflexões de um autor que se prende especialmente ao conceito de "intelectual livre". Trata-se de um sociólogo alemão que dedicou todos os seus trabalhos (nas décadas de 1940 e 1950) à pesquisa de todas as formas com que a sociedade elabora seus modos de conhecimento — desde as formulações filosóficas mais coerentemente explicitadas, até as formas mais rudimentares da linguagem cotidiana. Estaremos agora, então, muito brevemente, diante da obra do sociólogo Karl Mannheim, que escreveu seus textos mais importantes exilado duma Alemanha cujas feições políticas autoritárias o abalavam intimamente.

Afirma Mannheim que cada época produz uma pluralidade de pontos de vista diferentes. Interesses sociais diferentes criam soluções culturais diferentes. Haverá, então, alguma possibilidade de apreender o conjunto da vida cultural por meio de uma síntese que não seja expressão particular de um só grupo ou classe social? Toda classe triunfante tenta essa síntese, mas não é a isso que se refere Mannheim, pois essa "síntese" teria o inequívoco tom que lhe daria a burguesia: estático e não progressivo. Essa síntese progressiva fica, pois, por conta de um grupo de pessoas "relativamente sem classe, desamarrada da ordem social". Este estrato de pessoas é designado por

Mannheim com um nome que não criou mas contribuiu para tornar vastamente conhecido: a *inteligência livre* ou a *inteligência socialmente desvinculada*.

Eles não são uma classe à parte, apressa-se em aclarar Mannheim, mas a educação os enlaça em heranças culturais compartilhadas. Desta forma, os intelectuais dependem de sua inserção social, claro, e em termos dela expressam diversas perspectivas ideológico-culturais. Mas há algo que a inserção de classe não explica, e é o fato deles serem portadores de uma percepção histórica que lhes permite estar em contato com todos os pontos de vista, deles tirando as grandes sínteses culturais possíveis. São um "estado-maior da cultura" e estão "acima" das classes, ao mesmo tempo em que são capazes de expressá-las.

É perfeitamente identificável o desejo de Mannheim de não levar as coisas ao extremo. Os intelectuais *dependem* das ideologias que expressam e caracterizam o conflito social, mas isso não significa que não haja uma possibilidade de desagregar uma camada de intelectuais que expresse o patrimônio cultural e científico do conjunto da sociedade, *relativamente acima* das classes sociais. O intelectual, no que diz respeito aos interesses de classe, encarna um complexo equilíbrio entre sua relativa dependência e sua relativa autonomia. Mas, qual é o fato que torna possível a existência dessa memória intelectual que escapa da necessidade de depender dos pontos de vista particulares, de uma classe social? Como se consegue, então, essa "independência"?

Aqui é necessário abrir um parêntese. Não podemos seguir adiante sem tocar no problema das *heranças culturais*, essas formas da consciência social que podem permanecer até certo ponto imunes e inabaladas através das diferentes épocas e das diferentes formas de dominação. É diante delas que tem sentido falar da "independência" do intelectual. O "precursor" é relativamente livre... Mas com respeito a quê? Vejamos.

Os elementos e conteúdos da expressão intelectual defrontam-se com as heranças culturais: é essa a matéria com a qual trabalham porque, em um primeiro momento, a cultura (qualquer forma ou conteúdo cultural) sempre aparece como sobrevivência, como permanência e autonomia para gerar valores que não esgotam seu significado, embora se tenham esgotado as circunstâncias sociais que lhes deram origem. Entretanto, com razão se perguntará: quando sabemos que uma herança, um traço cultural relativamente rígido (como aqueles que acompanham em geral a satisfação das necessidades humanas mais imediatas, como moradia, alimentação, vestuário, etc.), se debilita, dando lugar a outra forma superior de resolver as mesmas situações?

Ora, esse é precisamente o ofício do intelectual. Seu trabalho consiste em "saber" quando um marco cultural aprofunda ou enfraquece sua influência na sociedade. Quando guiará as consciências e quando mergulhará no esquecimento. O intelectual *é* a antena que percebe justamente isso. O intelectual se dará ao luxo de poder banalizar o extraordinário ou festejar o cotidiano. De tornar estranho o que é habitual e longínquo o que é corriqueiro. Seja para conservar os valores existentes, seja para modificá-los, os intelectuais são um sinal escrito no espaço das lutas sociais. E, sem temor ao exagero, poderíamos melhor dizer: as lutas sociais se transcrevem nas sociedades contando com os intelectuais, no sentido mais abrangente do termo, como seus cronistas, seus estimuladores, seus escudeiros. . . Mas estamos avançando mais do que o necessário por nossa galeria. Deixemos estas definições mais gerais para o finalzinho de nosso percurso pela galeria.

Porque agora é mais importante exemplificar com algumas situações nas quais se mostra como as heranças culturais agem na sociedade. Para circunscrever melhor nosso tema, deixamos flutuar esta pergunta: como se cria, como se transforma e como perdura qualquer universo cultural face às "tormentas da região política" ou às mudanças tecnológicas? Sobre esta pergunta basearam-se nossos exemplos, tomados ao acaso da obra de vários autores.

Primeiro exemplo: as "heranças" agem para além das sociedades onde se originaram. Se alguém nos dissesse: "Aquiles não seria possível com a imprensa e a pólvora", o que estaria almejando demonstrar? Pensemos um instante. Aquiles não teria sentido em um outro marco tecnológico? Aquiles estaria afixado numa sociedade já morta e, portanto, não diria nada às pessoas de nosso estágio civilizatório? Muito pelo contrário. A fonte do prazer estético encontra-se precisamente aqui, no fato de pertencer a obra a uma sociedade cujas características já não se reproduzirão mais. Uma herança cultural valoriza seu significado justamente porque desapareceram as circunstâncias que lhe deram origem. A arte é arte porque pode ser pensada *com* ou *sem* suas raízes sociais. Algo semelhante a isto quis concluir Marx. A frase de nosso exemplo é dele.

Segundo exemplo: heranças culturais reapropriadas por movimentos sociais. Suponhamos que estamos diante do patrimônio filosófico mais alto e coerente da época. Agreguemos, ainda, que nesse patrimônio descobrimos erros materiais nas conclusões, mas grande lucidez no encaminhamento dos problemas. E, para completar nossa suposição, digamos que estamos interessados somente em uma coisa: em associar uma nova filosofia aos movimentos sociais emergentes que querem romper as ataduras e formas de opressão do passado. O que faremos com aquele alto patrimônio filosófico? Nós o declararemos desprezível por seus erros? Nós o converteremos em motivo de um balanço, tipo "por um lado. . ." e "por outro lado. . ."? Nada disso. O que faremos será herdá-lo. Agora ponhamos os nomes que correspondem a esta situação. O que devia fazer o proletariado diante da filosofia alemã da época anterior — fundamentalmente a que culmina com o sistema elaborado por Hegel nas primeiras duas décadas do século XIX? *Herdá-la.* Marx o afirma com uma imagem muito célebre e também muito precisa. "O proletariado é herdeiro da filosofia clássica alemã." Examinando este mesmo problema das heranças, Lênin escolhe uma fórmula semelhante para identificar os antecedentes do marxismo. É conhecida sua distinção das "três fontes" que inspiraram Marx. Ele desenvolveu plena e genuinamente — enfatiza Lênin — três correntes ideológicas avançadas: a filosofia clássica alemã, a economia política inglesa e as doutrinas socialistas francesas. Qualquer idéia nova se inspira numa *fonte*, em relação à qual ela pode considerar-se uma *herança*. Mas o conteúdo inovador dessa herança está marcado pelo fato de que os herdeiros são personagens completamente novos. O lado crítico da história estará no lugar dos herdeiros (os proletários) e não do lado dos que são herdados, quer dizer, os filósofos e pensadores clássicos e progressistas da burguesia.

Terceiro exemplo: herança de valores culturais que adquirem verdadeiro sentido quando incorporados às possibilidades de expressão através de meios técnicos diferentes e inovadores. A descoberta de cada forma de expressão estética — de cada forma de manifestação intelectual — produz efeitos socialmente significativos, após uma modificação em outra área da realidade material da sociedade. Até então poderiam ser confusos e mal compreendidos, mas depois tudo ficaria claro, ao obterem a forma de expressão que lhes convém. Os artistas e intelectuais *dadaístas* pareciam decadentes ao observador ingênuo. Mas para onde tendia um esforço que parecia esgotar-se numa extravagância bárbara ou inútil? Sem ter consciência disso, os dadaístas produziam efeitos estéticos que ainda não contavam com uma base técnica adequada para se expressar. Esta base técnica só aparecerá com o cinema. Querendo chocar ou escandalizar a burguesia com o espelho da decadência cultural, eles estavam anunciando, estavam pedindo, estavam necessitando — na verdade — das imagens móveis. Do cinema. Este exemplo irretocável, mais do que um exemplo é um sinal que perpassa como um clarão toda a obra do filósofo da arte alemão Walter Benjamin e serve para desenvolver, a partir dele, a compreensão de toda a sua obra.

Pode-se fazer outras observações neste mesmo sentido, agora tomadas do historiador da arte Pierre Francastel. Os *affiches*, como revolução visual na segunda metade do século XIX, são imprescindíveis para compreender a obra de

Gauguin e Van Gogh. Por sua vez, o *affiche* moderno também foi inspirado por uma nova disposição do espaço pictórico que muito deve a Toulouse-Lautrec. O *affiche*, como técnica de expressão estética, desempenha para o restante das artes visuais o mesmo papel revolucionador que o cinematógrafo.

Quarto exemplo: diferentes formas de expressão literária, que são diferentes formas do rosto social, mantêm como herança os mesmos traços estilísticos ou temáticos. Os grandes romancistas, Dostoievski, Balzac, Victor Hugo, traduzem numa dimensão lírica os enredos mais sensacionalistas de Eugène Sue ou do folhetim popular em geral, este último refletindo sempre aspirações democráticas. O grande "escritor" tomará temas do folhetim e vice-versa; e, ao longo de uma época, elementos eruditos somente podem ser mantidos e conservados graças ao gosto popular, assim como — por obra dos empréstimos permanentes — as literaturas elevadas podem conseguir uma vigorosa incorporação de traços literários tidos como "baixos". Este exemplo tomamos de Antônio Gramsci, e também não faz mal sugerir que através dela se pode enxergar o sentido e alcance de toda a sua obra. Até mesmo Nietzsche, suspeita Gramsci, revela uma influência do folhetim ao elaborar a idéia de "super-homem".

Quinto exemplo: o mesmo corpo teórico tratado a partir de diferentes marcos culturais. Tomamos

O que são Intelectuais

de Trotski esta argumentação: na obra de Marx há uma notável exuberância na apresentação das proposições, nas imagens e na formidável aparelhagem de citações. Tudo isso delata o envolvimento intelectual do escritor, descendente cultural da intelectualidade burguesa e democrática da época. Ora, imaginemos: "se o criador da teoria de mais-valia não tivesse sido o doutor em filosofia Karl Marx, mas o torneiro Bebel, que mental e praticamente era um asceta poupador com uma inteligência cortante como uma faca", o que aconteceria? Trotski conclui: é inevitável que a teoria seria formulada de maneira mais simples, popular e unilateral.

Se abrimos um parênteses — que já não prolongaremos por mais tempo — para considerar a questão das "heranças culturais", é porque o intelectual precursor forjará uma nova ideologia, uma nova atitude ou uma nova forma de agir na sociedade, visando manter as distâncias entre aquilo que surge e aquilo que finda. É imprescindível, então, manifestar-se diante das formas culturais anteriores. Quais serão rejeitadas? Quais serão aceitas? Até o momento consideramos a atitude de "espanto". Um intelectual, em dado momento, sente-se na posse de uma proposta que o separa das camadas populares e das rotinas comuns. Assusta-se porque age. Age porque se assusta. O Rabelais pintado pelo historiador Febvre nos dizia a respeito disso. O modelo de filósofo em que pensa Nietzsche, também. Neles, a insurreição precisa do espanto de se saber à margem do pensamento médio. Mas agora temos pela frente a tarefa de analisar um tipo de intelectual precursor que não age com a inocência, a teimosia ou o desprezo de quem sozinho situa sua consciência adquirida diante da consciência cinzenta dos demais. Porque o precursor, que já se apresenta sob nossos olhares, agirá por meio de um juízo objetivo sobre a história e com instrumentos de ação que transformem suas idéias numa força social coletiva.

Mas nunca perderá contato com sua obra. Ele *será* sua obra pública e não pode cindir-se de sua obrigação de dá-la ao público, aparecendo responsável por ela. Não foi em vão que, para chegar a ela, atravessou as dificuldades da descoberta, da incompreensão, talvez da penúria econômica. Nada melhor que a própria biografia de Marx para clarear este modo de ser intelectual precursor.

No sempre celebrado *Prefácio à crítica da economia política*, publicado por Marx em 1859, pode-se apreciar um documento excepcional de uma biografia intelectual. "Tenho diante de mim o conjunto do material sob a forma de monografias que foram redigidas com longos intervalos, não para serem impressas, mas para minha própria compreensão". Trata-se de uma atitude diferente da que consideramos até agora. Está em pauta a atividade intelectual, mas para aumentar "a própria compreensão". Marx é um advo-

O que são Intelectuais   **41**

gado, no ano de 1842, que deve ocupar-se de questões econômicas no jornal *A Gazeta Renana*. As "vacilações" do jornal, com as quais não se conformava, dão-lhe pretexto para retirar-se do cenário público para "o gabinete de estudos". Em Paris começa a estudar economia política, para entender "as raízes materiais da vida", e continua esses estudos em Bruxelas, devido a uma ordem de expulsão assinada pelo primeiro ministro francês, Guizot. Na primavera de 1845 — segue narrando Marx no *Prefácio* — Engels também instalou-se em Bruxelas, pois, havendo chegado às mesmas conclusões teóricas, agora era necessário "acertar contas com nossa consciência filosófica anterior", isto é, a filosofia do idealismo alemã posterior a Hegel, a "esquerda" hegeliana. O livro que daí resulta não chega a ser publicado de imediato. Mas isso não importava, pois não se procurava "criar regras", mas ajustar a própria linguagem interior. O "tempo" interior era o mais importante, por isso a exteriorização dos resultados tinha uma ordem inversa de importância. Era o tempo interior da procura da ciência. "Abandonamos o manuscrito à crítica roedora dos ratos, tanto mais a gosto quanto já havíamos atingido o fim principal: a compreensão de si mesmo". O manuscrito era a *Ideologia alemã*, destinado por seus autores às curiosas ratazanas, tal como Carpeaux conta que o *Processo* de Kafka ficou empilhado e esquecido, depois de publicado, nos depósitos de uma editora de Viena, por falta de leitores.

Do cenário público ao gabinete de estudos e daí à crítica roedora dos ratos. Esse era o itinerário que levava a uma nova recuperação do cenário público depois de ganhar a batalha da própria consciência, depois de se apossar dos instrumentos científicos de pensamento. Um transe do qual só o intelectual e seus críticos de roedora ingenuidade tomam consciência. Assim abre o intelectual os pórticos da ciência, sabendo diferenciar o que verá a luz e o que será destinado aos ratos, uma vez feitos os balanços de consciência, fechando transitoriamente os nexos com a vida pública. O intelectual se enclausura para alicerçar sua auto-educação.

Esta "fase dos ratos" era necessária, pois assim, somente assim, ele poderia provar que suas opiniões, "sejam julgadas como forem, são o resultado de uma pesquisa demorada e conscienciosa". E Marx conclui seu prólogo autobiográfico com citações tiradas da *Divina comédia*: para entrar no mundo da ciência, assim como para que se abram os pórticos do inferno. . . convém afastar todo preconceito e suspeita, convém desprezar o medo.

Afastar o medo. . ., esse parece ser o instrumento que melhor executa a consciência do precursor. É assim que poderá pôr sua mão quente na terra fértil das heranças culturais que vai incorporar ou rejeitar. Poderá entrar no inferno. Mas, à diferença do "maldito", não oferecerá sua obra às chamas e às tempestades. E se outros precursores seguem se considerando funcionários da cultura, seja para maculá-la, como Nietzsche, seja para tentar salvá-la do poder econômico da burguesia, como em Mannheim, o tipo de precursor ensaiado pelo intelectual Marx considera-se próximo do "inferno" somente porque suas descobertas obrigarão os homens a escolher entre o conhecimento da realidade e a permanência em um mundo povoado de fetiches e fantasmagorias. A ciência não perde sua graça ao descobrir um mundo novo, ao propor ações para conquistá-lo e ao parir outros conceitos a partir de todas as heranças culturais anteriores. Não usufrui estando à margem do real, mas propondo-se a viver firmada e inserida nos novos territórios descobertos. E assim estamos no limite. O intelectual precursor não pode resistir ao chamado do intelectual revolucionário. Damos muito poucos passos a mais, e já estamos diante de nosso próximo quadro.

TERCEIRO QUADRO:
O INTELECTUAL
REVOLUCIONÁRIO

"...sem que importe se são estudantes ou operários".

Lênin

Bem se poderia perguntar diante de nosso terceiro quadro: não é o revolucionário uma variedade do intelectual precursor? Certamente, como Goya poderia sê-lo de El Greco, Brueghel e Bosch, Van Gogh de Manet. Então, como faria o diretor de qualquer galeria, os colocaremos próximos, mas sabendo que há alguma coisa a mais que obriga a diferenciá-los. O precursor pode sentir-se desobrigado com qualquer ação prática ou ainda pode desprezá-la. Não pode, isso sim, tornar-se independente de sua obra pública. Deve dar conta dela, aumentá-la, defendê-la, em nome dela chocar-se com a opinião dominante e não desprender-se jamais de seu caráter de debatedor público. E ainda que queira ser agitador, tribuno, homem de partido ou militante que reserva para si um destino de clandestinidade, sempre aparecerá a arena pública exigindo-lhe que dê sua palavra explícita: mantém sua obra? Ou a renega? O intelectual revolucionário não sente estas urgências. E no momento culminante, no qual experimentará o sentimento de estar modelando outras realidades e mudando as anteriores, será tomado pela necessidade de rejeitar o caráter de "intelectual", ciente de que terá chegado ao estágio superior da consciência que o conceito de intelectual não contém — e é incapaz de conter. O intelectual revolucionário, no auge de sua força, será o primeiro interessado em dissolver essa unidade, destinando seus favores a robustecer a figura do revolucionário, ao mesmo tempo em que deixará pairar dúvidas sobre a eficácia do intelectual enquanto tal.

Não há outra forma de retratar este modo de ser intelectual senão recorrendo aos escritos de Lênin, particularmente àquele de 1902, o *Que fazer*. Interessa-nos particularmente sua concepção da "luta teórica", a partir da qual constrói toda a sua argumentação. Essa forma de luta liberta o conhecimento das fraseologias vazias e nos põe em contato com a ciência. E, sendo o socialismo uma ciência, a primeira tarefa à qual somos convidados *é estudá-lo*.

Mas se há um espaço específico para a educação, há também um espaço para a demonstração e verificação das teorias nas lutas sociais. Nenhuma ciência que trate da razão por que as sociedades produzem desigualdades de classe pode-se impor apenas pelo peso de sua própria verdade interior. Impõe-se quando, "ao guiar a ação", defronta-se e avalia seus diferentes procedimentos em relação a outros níveis de consciência (e, portanto, de diferentes ações) existentes na sociedade. A teoria deve dizer, então, como tratar as diferenças entre esses níveis de consciência. O que fazer com os mais antagônicos? O que fazer se, ainda sendo menos antagônicos, não produzem ações corretas ou se, produzindo ações corretas, não conseguem, todavia, conquistar uma dimensão totalizadora da política?

Veremos como, perseverantemente, Lênin trata deste problema, que é o problema da relação entre a teoria e a prática social, entre os intelectuais e os proletários, entre os revolucionários e a sociedade. Esta relação aparece no início como uma vinculação "exterior". O que isto quer dizer?

Vista do lado dos operários, a consciência teórica — afirma Lênin, nisto seguindo Kautsky — é introduzida *de fora* e não algo surgido espontaneamente de seu seio. "A história de todos os

O que são Intelectuais   **47**

países testemunha-o; Marx e Engels, os próprios fundadores do socialismo científico moderno, pertenciam, por sua situação social, à intelectualidade burguesa". Esta relação, que faz com que a doutrina do socialismo fosse elaborada a partir de fontes e heranças próprias dos ambientes em que se desenvolvem "os representantes mais instruídos das classes possuidoras" (quer dizer, os intelectuais), supõe um repúdio enérgico de todas aquelas posições que festejam ou aprovam os componentes menos conscientes e mais imediatistas da consciência operária. É a rejeição ao *espontaneísmo*, cuja força nasce de uma supervalorização da consciência reivindicativa primária, que gira exclusivamente ao redor de temas econômicos. A rejeição do espontaneísmo é a mesma coisa que a rejeição do economismo.

O intelectual que retrata o *Que fazer*, porém, dirige sua reflexão por outros caminhos. A força desse escrito consiste em apresentar uma idéia de *operário* e uma idéia de *intelectual* que contracenam como figuras arquetípicas, exponenciais. O operário, enquanto tal, encarna uma contradição objetiva com a ideologia burguesa difundida espontaneamente por toda a sociedade. Mas esta contradição de fato não consegue romper as rédeas ideológicas burguesas por não conter a prática operária, estando reduzida à sua própria força, os valores capazes de gerar a consciência teórica do socialismo. A figura do intelectual, por sua vez, é uma construção que acontece em um contexto perpassado por heranças e perspectivas culturais e científicas que "lutam" entre si. Aí habita a "ciência da época". Agora, se da luta de classes, por ela mesma, não deriva a ciência, e esta obedece a um trabalho desenvolvido criticamente entre os portadores do mais alto conhecimento da época, então a teoria leniniana da consciência (ou, se se preferir, do intelectual, do partido ou da revolução) supõe a superação de uma *cisão* assim caracterizada: a consciência teórica dos intelectuais nada é se não encontra seu objeto, os operários, incapacitados para quebrar "de dentro" a ideologia burguesa que banha a sociedade, recebem do "exterior" de sua prática cotidiana os conhecimentos próprios de um outro universo teórico, efetivamente preparado para compreender as contradições existentes na realidade social. E assim é que se supera a cisão entre prática e teoria, entre intelectuais e operários.

Mas quem toma a iniciativa na hora de romper esta cisão? Será inteiramente uma tarefa reservada aos intelectuais? Não necessariamente. Assim como os operários não podem superar sozinhos a teia espontaneísta das ideologias dominantes, também os intelectuais não saberão romper com as heranças culturais improdutivas enquanto não aparecer uma referência objetiva na realidade — o proletariado — que dê sentido às formas de conhecimento social.

Como supor que, a partir somente das reivindicações econômicas, se possa obter uma ideologia global e completa de transformação social? Impossível. Seria desconhecer o fato de que a *teoria do socialismo* surge de premissas diferentes daquelas que dão origem objetiva à *luta de classes* na sociedade. Uma não deriva da outra. Enquanto a luta de classes é um dado objetivo inserido na essência da sociedade capitalista, a consciência que percebe esse dado provém das lutas teóricas que se travam num domínio especificamente intelectual: aquele que trata das configurações filosóficas e científicas mais elevadas da época.

Isto não quer dizer que o operário tenha uma consciência passiva. A situação social na qual se encontra lhe dá uma tendência natural para "assimilar com facilidade o socialismo". Mas essa tendência espontânea deve ser "submetida", afirma Lênin, o que quer dizer: deve ser doutrinariamente modelada pela luta teórica. Assim, a base da consciência teórica não pode ser a percepção da própria situação particular, mas a compreensão e desvendamento da totalidade social, na qual todas as classes e grupos sociais "encobrem suas verdadeiras entranhas". "Desde o dignatário ao vagabundo", arremata Lênin.

No entanto, essa totalidade da consciência, feita de conhecimentos teóricos (. . .) não traria o perigo de distanciar os trabalhadores que se mostrassem apenas mais interessados na satisfação prática de seus problemas? Não há motivos para tais temores. E Lênin imagina, com o auxílio punjante e cáustico de uma afiada zombaria, a resposta possível de um operário a um intelectual que, prestimoso, só sonhasse respeitar os "níveis de consciência operária" para ir, pouco a pouco, elevando a luta econômica para uma dimensão política... Diz o operário posto em cena por Lênin: "Senhores intelectuais, não somos crianças que possam ser alimentadas apenas com a papinha da política econômica; queremos saber tudo o que os outros sabem e para isso é necessário que os intelectuais nos repitam menos o que nós próprios sabemos e que nos dêem mais daquilo que ainda ignoramos e que nossa experiência fabril não nos ensinara: os conhecimentos políticos".

O fato de a ideologia revolucionária vir "de fora" do operário não quer dizer que qualquer intelectual esteja em condições de fornecê-la, nem quer dizer que, uma vez espalhada pela sociedade essa consciência, isso constitua simplesmente uma "obra intelectual". Isto será obra, no mais eminente sentido, da presença nas sociedades de uma figura explicitamente assumida por Lênin: a do revolucionário profissional. É ele, o "profissional", quem supera a condição particular e certamente parcial do intelectual, ao mesmo tempo em que procura retirar dessa expressão ("vir de fora") o traço incômodo e problemático que

O que são Intelectuais

tem, o que poderia colocá-la numa situação de debilidade quando — diz Lênin — qualquer demagogo tentasse aproveitar-se desta situação. Como? Explorando uma natural desconfiança dos operários "menos desenvolvidos", contra *todos* os que vêm lhes trazer conhecimentos e análises políticas recém-retiradas da estufa da intelectualidade. Se o revolucionário profissional carrega tais virtudes, é preciso ver então como se definem seus contornos.

O revolucionário profissional é um tipo de intelectual (já que nem todo intelectual é revolucionário) que apanha a realidade na sua totalidade, quer dizer, interpretando todas as tendências culturais e sociais, todos os fenômenos políticos e cotidianos, como dimensões de uma sociedade permeada pelas lutas de classes. O revolucionário profissional deve saber sintetizar os numerosos traços particulares e esparsos da realidade e criar permanentemente quadros de conjunto. Daí a complementação entre suas três habilidades básicas: organização, propaganda e agitação. Os possuidores dessas aptidões fundamentais, sendo "tribunos populares" (outro conceito que Lênin não rejeita), devem saber pronunciar-se ainda sobre assuntos cuja pertinência imediata custa a ser entendida. Como quando é promulgada uma lei contra as publicações ditas imorais segundo o exemplo que fornece o próprio autor do *Que fazer*.

Fazer tudo isso é estar em condições de apagar a nociva influência do trabalho político *artesanal*. Quem é este novo personagem que agora aparece, o "artesão" político? Evidentemente, é fruto do pensamento "economicista", que não leva em conta nem a divisão do trabalho político própria do complexo Estado burguês, nem a centralização do poder político-econômico nas sociedades capitalistas modernas.

O "profissional" é a figura cognoscitiva desenhada para dar resposta ao estágio atual da sociedade capitalista. Lênin nada mais fez que extrapolar para a vida política (trabalho político *artesanal*-trabalho político *profissional*) uma descrição das formas que adquire a divisão do trabalho na fábrica, tal como são estudadas no volume primeiro de *O Capital*. Enquanto o capitalismo aperfeiçoa sua base técnica, as concepções políticas "artesanais" reproduzem um estágio que as sociedades já superaram, da mesma forma que nas fábricas se superou a *cooperação simples* entre ofícios diversos.

O revolucionário profissional, então, é a forma de consciência que se obtém depois de superar a consciência reivindicativa elementar que age na cotidianidade do mundo operário. Porém, também é a superação da consciência intelectual ingênua. Ela também existe, é claro, pois não devem ficar dúvidas, e Lênin não as tem, de que há "intelectuais atrasados". A caminhada para a profissio-

O que são Intelectuais 53

nalização da consciência política aparece, assim, como uma empreitada comum para operários e intelectuais. O "profissional" se desvencilha das ataduras sociais mais imediatas, seja as do operário, seja as do intelectual, e faz sua conversão para o mais elevado grau da consciência, onde desaparece qualquer vestígio das vinculações de classe ou de ofício anteriores. "É necessário um comitê de revolucionários, sem que importe se são estudantes ou operários."

O papel e o modo de agir desse profissional, que é mais do que um intelectual, embora conserve todas as características deste, estão vivamente apresentadas nas reflexões leninianas sobre a relação do jornalismo político com as tarefas organizativas. *O jornal é um organizador coletivo*, diz Lênin, numa frase incisiva e célebre. Um jornal, assim concebido, é apenas um degrau inferior ao partido. Quem ali desenvolva suas atividades, formará parte de um verdadeiro "estado-maior de escritores", de um "exército de repórteres". Os repórteres e jornalistas são uma outra face do revolucionário profissional. Nada têm em comum com os "literati", devendo estar dispostos a tudo. Neste caso, devemos perceber claramente que a figura do jornalista termina fundindo-se com a do militante integral.

Há duas palavras que refulgem muito ilustrativamente quando Lênin decide não deixar dúvidas a respeito da extensão que adquire a consciência da realidade que caracteriza os componentes do jornal: são *oniscientes* e *onipresentes*. Devemos considerar que essa onisciência é a forma mais elevada de percepção das contradições da sociedade, sendo a marca indelével que nos permite reconhecer a presença do revolucionário profissional. Essa onisciência se forja com elementos próprios da vida intelectual, mas já não são intelectuais os que a possuem. É um tipo superior de conhecimento, o conhecimento da totalidade, da qual "artesãos" e "literati" estão alheios. E para dissipar as últimas dúvidas de quem pudesse considerar esses "jornalistas-revolucionários profissionais" como simples "colaboradores" de um jornal, Lênin não hesita em empregar o conceito de "agentes" para reforçar o caráter de missão e até de disciplina militar que envolve os "organizadores coletivos".

Esta consciência absoluta que educa o resto da sociedade, soberbamente plantada no seio do real, não deixa de merecer do próprio Lênin uma reflexão sobre como seria recebida pelas consciências mais tímidas ou acanhadas. Sem dúvida, com o receio próprio dos "literati". Não fazia, o chefe da Revolução de Outubro, mais do que antecipar as polêmicas que até hoje ainda rodeiam esta visão da *consciência onisciente*, que declara como "exterior" a todas as outras formas de consciência. Rosa Luxemburgo e Gramsci não se privaram de formular ressalvas e dúvidas a respeito desta onisciência. Não se tratava, claro, de defender os "literati". Mas devemos supor que não é fácil desagregar os vestígios do "literati" que habitam no revolucionário. Porque o "literati", mais do que outra coisa, significa a não profissionalização do exercício da ação e do conhecimento político. E essa é a outra vertente que as críticas ao *Que fazer* deixam abertas. O intelectual inspira melhor sua consciência revolucionária quanto mais a desprofissionaliza, quanto menos a afasta da heterogeneidade e pluralidade dos estados de consciência existentes numa sociedade.

E, dito isto, é necessário agora passar ao setor seguinte da galeria. Lá nos esperam "literati" e "artesãos" para contar-nos melhor suas razões.

QUARTO QUADRO:
O INTELECTUAL POPULISTA

> Ele era íntimo, meigo e lírico. A revolução é pública, épica e catastrófica. Mas a curta vida do poeta interrompeu-se por uma catástrofe.
>
> Trotski, diante do túmulo do suicida Essenin

Os intelectuais "literati" e "artesanais" condenados por Lênin aproximam-nos de uma realidade sobre a qual nos será útil refletir no trecho da galeria que estamos agora percorrendo. Certamente, não teriam maior interesse para nós, se tomados em seu aspecto de boemia volúvel e entediada. Mas devemos dar-lhes certa importância pelo que, involuntariamente, nos revelam. Eles mostram de uma forma caricatural e grotesca traços efetivamente existentes, quando o veio popular e lúdico não é extirpado de certas práticas intelectuais, dando origem então ao *intelectual populista*.

O "literati" é a versão bufa do intelectual "artesanal" (na idéia de Lênin, aquele que se nega a considerar a sociedade como uma totalidade de relações sociais contraditórias) e nos comunica com a formulação principal do que é necessário fazer para perfilhar a figura do populista. Vejamos como se compõe este pensamento. Para o intelectual populista o capitalismo é considerado como uma falsificação inglória das relações sociais e só pode ser combatido situando a crítica a partir dum ponto "não capitalista". As formas sociais e culturais "pré-capitalistas" não são o forçado antecedente do capitalismo que virá depois, inexorável. Devem ser vistas, ao invés, como formas embrionárias de uma sociedade mais justa e melhor organizada que o capitalismo esmagará. Dirão: o capitalismo não é uma passagem obrigatória na vida das sociedades, por isso o combate ao capitalismo é ao mesmo tempo a defesa do que ele esmaga. Essa defesa, do ponto de vista do capitalismo, pareceria a defesa do "passado", da "barbárie" ou "atraso". Mas na verdade é a única posição revolucionária, pois parece anacrônica apenas porque o capitalismo apresenta-se como o único e soberbo embaixador do mundo moderno.

Já que o capitalismo empobrece eticamente a

vida social, para contestá-lo há que se partir das mesmas formas associativas que estraçalha, pois elas eram as próprias escolhas feitas por populações que se consideravam donas de seu trabalho. Políticas "artesanais", apologia da consciência ingênua como uma forma da consciência "sábia", utopismo, senso libertário e até messianismo entremeiam-se como componentes desta visão do mundo, não necessariamente enfatizados na mesma medida.

Um certo "antiintelectualismo" também impregna esta colocação. Seria justo, então, questionar a proposição de um tipo de intelectual que se compraz em exibir seu antiintelectualismo. Há um "intelectual-antiintelectual"? Esta situação, aparentemente paradoxal, nos interessa. De início, é possível perceber que o "literati", não raro, tenta disfarçar sua condição intelectual. Penitencia-se pelos traços intelectuais que ainda fracamente poderiam existir, tentando um retorno "às raízes". Freqüentemente, encontra-se agora este tipo de intelectual nos meios de comunicação de massa e em movimentos políticos ditos "populistas", tentando na verdade formas de acomodação na ordem estabelecida, o que certamente não era seu sentido original.

A conhecida frase de um coreógrafo de escola de samba, a qual teve repercussão incomum, ilustra exaustivamente esta atitude. "É o intelectual que gosta de miséria. . ."; a segunda parte

O que são Intelectuais

da frase é também previsível: seria o povo quem gosta do luxo. O povo aparece aqui retratado como uma maravilha feliz à procura do baile de ilusões. Com esta frase se quer condenar a atitude dos intelectuais, que enalteceriam suas opções beneficentes, generosas ou progressistas, almejando falar em nome de um povo passivo e abafado em penúrias cotidianas. Porém, ao contrário disso, o povo canaliza sua criatividade com ecletismo, sensualidade e fantasias à margem de qualquer ascetismo. Sem dúvida, esta visão do problema é inequivocamente reacionária, mas, apesar de uma forma caricata, não deixa de mencionar alguns aspectos da realidade. Pois às vezes supõe-se que o povo deve assumir vestes de monges, ansiosos em traçar simploriamente suas reivindicações, sem festa, astúcia ou sensualidade. Os autores da concepção ''lúdica'', todavia, são uma variedade dos ''literati'', mas muito profissionalizada e bem-sucedida no seu ofício de formular uma ideologia muito portátil e efetiva para realizar práticas organizativas de considerável e real participação popular. Isto poderá representar um aspecto odioso, mas alerta sobre as persistentes dificuldades da relação entre intelectuais e o povo.

De um ângulo diferente — é óbvio — Trotski desenha a imagem do ''intelectual populista'' com um sarcasmo ferino e divertido: ''eles vão em direção ao povo com a roupa de baixo suja, sem pente e sem escova de dentes". Imaginam, então, que o povo fixa sua vida numa precariedade rústica, embora feliz, coberta de chagas mas também de sabedoria. Eles não visam organizar nada e, no caso de serem sinceros, apenas tratariam de submeter-se às verdades rústicas que, à maneira de expiação, considerariam a única lucidez possível. Porém, quer nos dizer Trotski, eles descaracterizariam duplamente, tanto o povo como as funções do intelectual.

Mas já é momento de nos determos com mais cuidado nas formulações que este tema merece de Lênin, que dedicou quase vinte anos de sua produção teórica e propagandística a debater com os "populistas" de sua época, os "narodniki" russos. Para desenvolver esta perspectiva, vemo-nos novamente às voltas com o problema das "heranças culturais e filosóficas" já tratadas quando falamos do intelectual precursor. Lênin tratará extensamente o tema em vários de seus escritos — *O Desenvolvimento do capitalismo na Rússia, Quem são os amigos do povo?* —, mas agora interessa-nos especialmente um escrito seu, sugestivamente titulado *A que herança renunciamos.*

Em primeiro lugar, nesse escrito, Lênin reconhece uma *herança iluminista.* O que se quer exprimir quando se fala em iluminismo? É a predominância de um ideal educativo sobre toda a sociedade, a partir do qual as pessoas que detêm os meios educativos atraem o conjunto "inculto" da população para a vida da Razão. Ela será, sem dúvida, uma nova forma de dominação, a pretexto de ser o túmulo de qualquer obscurantismo. Nesse ponto, coincidem totalmente o poder e o saber. Sendo o "iluminismo" uma filosofia desenvolvida na França e na Alemanha durante os séculos XVIII e XIX, transporta-se como ideologia de progresso e de desencanto do mundo junto à expansão das relações sociais capitalistas. Com estas feições, Lênin encontra o iluminismo na Rússia. Aí, à semelhança das burguesias liberais da Europa ocidental, expressava um ódio ardente ao regime de servidão, de baixa produtividade, de pobreza e analfabetismo das massas camponesas submetida aos latifundiários. Diante disso, para os iluministas o triunfo das formas produtivas modernas era um programa político e cultural imprescindível para tirar a Rússia do atraso social.

A "herança populista" aparece contraposta à prática dos iluministas europeizantes. O populismo russo considerará que o capitalismo é uma regressão, uma decadência, dado que a formação social russa teria uma *originalidade* caracterizada por comunas rurais não capitalistas a partir das quais se poderiam desenvolver formas de gestão econômica que não passassem pelas relações sociais específicas da "via européia ocidental" para o capitalismo. Lênin observa: estamos diante de fantasias românticas, de um "embelezamento da comunidade aldeã", cuja idealização visa ingenuamente "paralisar" o surgimento do capitalismo.

Ora, assim configuradas, as duas correntes principais que ocupam e alimentam as reflexões políticas da intelectualidade russa nos finais do século XIX obrigam os modos ideológicos emergentes — notadamente o marxismo — a se posicionar e formular um juízo global diante delas. Dos "iluministas", os marxistas devem aceitar a idéia de que é necessário facilitar o desenvolvimento do capitalismo na Rússia. "Quanto mais depressa melhor", aclara Lênin. Esta herança iluminista, porém, é rejeitada num ponto: não se pode pensar no capitalismo sem pensar em suas contradições internas e nas novas contradições que determinam na sociedade a possibilidade revolucionária. Não há revolução sem que se adquiram formas modernas de vida social, mas também (e esta é a crítica ao iluminismo) não há modernidade sem revolução.

Dos populistas, os marxistas devem criticar a idéia de que o capitalismo "é reacionário". Isto só pode ser afirmado devido aos receios "românticos e pequeno-burgueses" que, ao rejeitarem o caminho capitalista, rejeitam a única base a partir da qual se pode pensar a transformação das sociedades. Mas devem reconhecer no populismo o mérito de "colocar o problema do capitalismo na Rússia", quer dizer, perceber o capitalismo como motivo de uma crítica radical. E, nisso, os populistas *deram um grande passo à frente.* É o próprio Lênin quem o diz.

Enfim, o marxismo na Rússia defronta-se assim com o complexo das heranças culturais anteriores (e com seu modelo correspondente de intelectual): *tomaria o que os populistas negam, para afirmá-lo como fazem os iluministas e depois para voltar a negá-lo, como faziam os populistas.* É a dialética das heranças, problema político-cultural que define as práticas intelectuais possíveis, e modela os tipos intelectuais que agem no núcleo de toda revolução.

O capitalismo devia existir para que pudesse deixar de existir. E isto, antes de mais nada, é um problema pelo qual se pode definir o papel dos intelectuais. Os populistas criticavam os marxistas por introduzirem uma reflexão teórica correspondente a outras lógicas civilizatórias, de caráter europeísta. Lênin, por sua vez, identifica essa acusação dos populistas com o resultado de uma análise da sociedade onde ficam omissas as relações sociais e os antagonismos de classe. Esta omissão é produto do tipo de intelectual vinculado ao populismo. Ignorante das relações entre as práticas intelectuais e os interesses materiais (tanto como das instituições e projetos políticos ligados a esses interesses), não faz outra coisa que tolher a possibilidade de conhecimento rigoroso de uma sociedade a partir de suas contradições objetivas.

Os populistas tentavam encarnar "o povo em

geral", mas não conseguiam disfarçar sua filiação pequeno-burguesa. Apesar de sua teoria romântica, eles eram explicados por sua visão de classe. Os iluministas, intelectuais da burguesia liberal urbana progressista e modernizante, desvinculada da Igreja e do Estado, assumiam explicitamente a estreita relação entre a ideologia *positiva* que encarnavam e a classe social que colocaria a Rússia nos trilhos de uma nação burguesa moderna e com um universo ético desenvolvimentista. E isso era, afinal, o que o conceito de positivismo queria dizer.

A "originalidade" nacional era uma construção romântica vazia e imprecisa: o populismo mostrava-se, com ela, incapaz de operar nas contradições da realidade social, da mesma forma que a tendência dos intelectuais iluministas, de desconhecer a "originalidade" para dar uma interpretação da realidade marcada pelo positivismo, era também improdutiva, pois a vida social perdia sua originalidade, o que era bom, mas também perdia seu dinamismo interno, o que era mau.

O conceito de populismo tem em Lênin uma acepção precisa, com seu correspondente conteúdo econômico-social e cultural, e o marxismo devia superar simultaneamente o par antagônico, mas na verdade complementar (iluminismo-populismo), tomando de ambos os elementos que fossem suscetíveis de ser integrados em uma síntese superior. O intelectual populista assim consi-

O que são Intelectuais

derado — sem os alcances habitualmente pejorativos que a palavra carrega e que Lênin evita
lembrar — realizará sua tarefa reflexiva sob as
exigências de um ponto de vista radical: o povo
é uma fonte de saber e de conhecimentos fundamentais. É uma "esfinge inviolável" que resiste
à desagregação da vida social acarretada pelo
capitalismo. E qualquer proposta anticapitalista,
qualquer formulação de liberdade social e qualquer
utopia revitalizadora do homem daí têm que
surgir. A partir desta atitude bem marcante,
pode-se abrir muitos caminhos para o intelectual
populista, inclusive assumir uma máscara antiinte-
lectualista, tentar expiar sua separação do povo
rejeitando os meios de educação formal ou ensaiar
medrosamente participar em grupos políticos que
parasitam um "clientelismo" que faz com que
se perca o sentido original do conceito.

Ora, na direção que nos interessa considerar
aqui, o intelectual populista acredita que a vida
democrática *já* reside no povo, enquanto este não
é capturado pelas formas produtivas capitalistas.
Há, certamente, um romantismo encerrado nesta
convicção, que infatigavelmente Lênin interpretou
como "pequeno-burguesa". Isto nos habilita, já
quase no fim de nosso percurso por esta parte
da galeria, a estender a área de ação do intelectual populista a todas as reflexões políticas
ou estéticas que atacam os frutos do capitalismo,
tratando de revalorizar todas as atitudes não

contaminadas pelo mundo da mercadoria. A diferença com os intelectuais "malditos" é evidente pelo fato de que estes últimos vivem mostrando a crise de valores e, decorrente disso, a livre escolha entre quaisquer desses valores. Enquanto isso, os "populistas" são programáticos, realmente presos a um núcleo de valores originários semeados na consciência popular, que apenas há que revitalizar por cima da retaliação, esmagamento e desmoralização que sofrem por parte dos superficiais "modernismos". Os populistas, então, não gozam nem se sentem tranqüilos nas "crises de valores". Inclusive, no sentido mais jacobino — quer dizer, radical — do populismo, seus intelectuais reconhecerão que a classe operária será mais rica em ações anticapitalistas enquanto mais nitidamente fique superposta com o conceito de "povo". Atitudes como estas hoje estão quase que limitadas a certas correntes literárias. Mas isso também não é uma novidade. A persistência de algumas formas líricas que sobrevivem nos momentos de maior comoção social, oferecendo-se para acompanhar e servir às mudanças revolucionárias mas sem perder a impregnação intimista e suas maravilhas subjetivas atemporais, são um bom exemplo que agora consideraremos brevemente. Voltamos outra vez à Revolução Russa. Seus poetas maiores da primeira fase têm uma atitude que tentaremos aproximar das opções políticas e estéticas que definem os populistas.

O que são Intelectuais	**67**

Para a lírica do primeiro período da revolução, o fato de cantar a nova sociedade não supunha necessariamente revisar os próprios fundamentos da lírica à luz das relações sociais que se iam construindo. Assim, o *Eu* dos poetas é próprio de uma consciência dilacerada, reprisando a partir da linguagem estética o mesmo dilema daqueles populistas para os quais a revolução era apoiada eticamente, embora não utilizando, e ainda rejeitando, as metodologias de análises da realidade propostas pelos protagonistas maiores da revolução. Trotski percebe isto no caso de Essenin. O caráter épico da revolução não é incompatível de imediato com a lírica pré-revolucionária, mas fatalmente deve pô-la em crise. Mas o que acontece quando essa lírica "anterior" à revolução propõe-se trabalhar diretamente com conteúdos épicos próprios da revolução? Poderiam os poetas preservar os universos simbólicos pré-revolucionários com a convicção de que eram os mais adequados para cantar própria revolução? O romantismo populista e muitas formas da lírica defrontam-se com este dilema.

Vejamos o caso de Maiacovski. Diante dos que propunham que todo o aparelho cultural fosse reinventado junto ao novo papel do proletariado (correntes que na Rússia receberam o nome de "cultura proletária", nunca bem vistas nem por Lênin nem por Trotski), Maiacovski perguntava: "e eu que sou, um vendido?".

Maiacovski queixa-se de se ver obrigado a cada instante a demonstrar que "a atividade do poeta é um trabalho necessário na nossa revolução" e responde às acusações de ser um poeta difícil: "é preciso organizar a compreensão de um livro", no que Gramsci concordaria plenamente. "Quero que me dêem ordens", exclama diante de um público que lhe exige respostas precisas sobre o engajamento da arte na revolução; e numa reflexão de rara beleza, em sua elegia à morte de Lênin, põe em relação a possível morte do poeta com a desaparição do máximo e querido dirigente. "Comumente/ mesmo tendo bebido demais/ instintivamente tenho cuidado/ quando passam os bondes/ mas agora quem choraria minha pequenina morte/ em meio ao luto desta imensa morte?" O poeta se concebe como parte do espaço público em luto e, interpretando o sentimento comunitário, coloca o ponto de vista do homem comum, mas não se priva de comparar a tragédia e o desespero coletivo com o dado íntimo e intransponivelmente seu, sua "pequenina morte". Isto é o que incomodou a Trotski. Diante dos grandes acontecimentos públicos, diz sobre Maiacovski, adota ele um tom familiar insuportável. É que o individualismo revolucionário desemboca na revolução mas não se funde com ela. É que abandonou o mundo estético pré-revolucionário de maneira lógica mas não psicológica. Ainda vê Trotski na poética maiacovskiana "a fumaça dos cigarros da taberna dos artistas", ou seja, o sentimento pequeno-burguês que marcha ao encontro da revolução, embora com sua bagagem lírica de todos os tempos. Mas o que deveria ter feito Maiacovski, entregar à "crítica dos ratos" sua consciência lírica anterior?

Salvo uma camisa limpa, de nada preciso eu, proclama o poeta, acusado de obscuro, mas no caso exercitando a arte incansável de mobilizar um componente lírico e épico primordial que, confiante, sabe que é a permanente configuração do horizonte reflexivo das camadas populares. A precariedade dos bens pessoais, débil e único laço exigido e querido com sua subsistência material, queria dizer, na realidade, que a ação poética desenvolvia-se num habitat pessoal e social voluntariamente despojado. Isso não era para rejeitar as mais cruciais realidades. Era para reforçar que se atava a uma realidade revolucionária — a uma épica — embora preservando um núcleo lírico que permanentemente apelava para sua essência eminentemente popular. Os "literati" caricaturavam de forma oportunista este problema. Os "populistas" o politizavam como quem expia suas culpas elitistas. Maiacovski e até certo ponto Essenin convertem-no numa reflexão estética.

QUINTO QUADRO:
O INTELECTUAL COSMOPOLITA

> Não se faz política e história sem
> conexão sentimental entre os inte-
> lectuais e o povo-nação.
>
> Gramsci

Detendo-nos diante do que vamos contemplar nesta parte da galeria, podemos ter a certeza de já saber alguma coisa sobre ela. Com efeito, no quadro anterior vimos os intelectuais "iluministas" contrapostos aos populistas. Bem, o ponto de vista dos intelectuais cosmopolitas é muito semelhante ao dos iluministas. Os intelectuais cosmopolitas concebem a vida cultural como uma forma de comunicação acima das particularidades nacionais, regionais ou locais. A fonte de inspiração de qualquer prática intelectual é o aperfeiçoamento do patrimônio geral da cultura da humanidade, e esta sempre se encontra em uma dimensão universal que nada tem a ver com as sociedades concretas em que essa cultura se originou. Esta concepção, quando se converte na idéia de que uma forma de cultura atingida por uma sociedade deve ser transladada a todos os cantos do planeta — a qualquer custo — coincide com a atitude iluminista. Vista por seus críticos, essa atitude sempre é suscetível de ser representada como uma manifestação do ''imperialismo cultural''. Mas isso é uma frase sem sentido para os cosmopolitas-iluministas, que acreditam que a superioridade econômico-tecnológica de algumas sociedades cria um produto cultural cuja expansão trará benefício para todo o mundo. As ideologias *desenvolvimentistas* e, de alguma maneira, as filosofias positivistas elaboradas na Europa do século XIX cumprem esse papel, pois trata-se da crença de que um ideal permanente de progresso supõe poder sacrificar, em nome de uma ''ordem racional'', todos os obstáculos supostamente ''incivilizados''.

Mas nem todo cosmopolita é iluminista. Muitas correntes intelectuais mais românticas do que positivistas (e que, portanto, não dividem o mundo entre ''civilizados'' e ''bárbaros'') também partilham a idéia de que as fronteiras nacionais e heranças culturais específicas devem ser superadas sistematicamente, para gerar um ponto comum de reflexão que respeite a universalidade da verdade científica, filosófica ou estética.

É evidente que estamos no terreno das relações entre a cultura universal e as culturas particulares. E a propósito disto é que nos encontramos, pela primeira vez no nosso percurso, com a necessidade de desenvolver com maior atenção a obra do filósofo e político italiano Antônio Gramsci. É dele o conceito de "intelectual cosmopolita", da forma em que hoje se utiliza habitualmente. Comecemos então por fazer uma breve alusão aos matizes que o conceito adquire nas mãos de Gramsci. Toda a sua obra, sem exagero, pode ser considerada como uma reelaboração crítica e deslumbrantemente aprofundada das discussões dos populistas russos e, até certo ponto, também de Dostoievski (mas depois, um pouco mais adiante, falaremos mais diretamente do caráter da obra gramsciana). Já vimos que Lênin primeiro identifica uma contraposição (iluminismo-populismo) que declara *falsa*, mas tomando dela os respectivos elementos *verdadeiros*. Gramsci preserva, mas modificando-a, essa mesma perspectiva, que então fica convertida na contraposição entre *intelectuais cosmopolitas e intelectuais nacional-populares*. Não será trabalhoso admitir que o iluminista de Lênin corresponde, em linhas gerais, ao "cosmopolita" de Gramsci, se bem que para Gramsci o conceito é mais abrangente, pois não somente os positivistas enfileiram-se nele, mas também os intelectuais ligados às grandes instituições universais, como a Igreja. No entanto, devemos registrar as diferenças entre a avaliação do "populista" que faz Lênin e o conceito de "nacional-popular" de Gramsci.

O intelectual *nacional-popular* acaba sendo enfaticamente valorizado pelo pensador italiano. Isto porque é a partir desse âmbito nacional-popular que se podia mobilizar o conjunto da sociedade contra as formas de dominação vigentes. Estas formas estão, justamente, asseguradas pelos valores culturais transplantados, sem contato popular real, e por isso cosmopolitas. Esta reflexão é levada tão longe por Gramsci, que ele não duvida em julgar Lênin e Trotski em relação a ela: Lênin é um *tipo nacional,* Trotski é *cosmopolita*.

O cosmopolitismo expressa-se nos processos culturais cujas inspirações temáticas, cujo público e cujos consumidores se encontram fora das camadas populares. Grande exemplo disto, para Gramsci, é o Renascimento. A cultura renascentista é um acontecimento europeu, acima das populações concretas, desinteressado em encontrar um público nacional e dependente das cortes laicas ou religiosas, dos grandes mecenas e comerciantes. Na Itália, lugar onde foi maior seu vigor artístico, menores foram suas conseqüências quanto a estimular identificações sociais *nacionais* no povo.

Agora pode ficar mais claro o conceito de

nacional-popular que permeia toda a obra de Gramsci. Uma nação forma-se sobre bases democráticas somente quando se mobilizam os componentes culturais que estão presentes na vida popular. Deste ponto de vista não se entende o nacional sem o popular e o popular sem o nacional.

Todavia, é evidente que rejeitar o cosmopolitismo, que nunca se interessa em colocar a atividade cultural como parte da mobilização popular, não significa rejeitar uma característica essencial das artes, literaturas ou filosofias: sempre encontram um ponto comum, um denominador universal que permite intercâmbios e traduções permanentes. Colocando "gramscianamente" este problema, podemos dizer: a questão é saber como esses pontos comuns das influências culturais mútuas se alimentam permanentemente das raízes populares, ou podem fecundá-las.

Vamos ter presente, a partir de agora, o desenvolvimento desta contradição entre cosmopolitas e intelectuais nacional-populares, pois o que verdadeiramente nos interessa, neste trecho de nosso percurso, é trazer o problema para nossas realidades sociais e culturais imediatas.

O professor Alfredo Bosi conseguiu expressar de forma sucinta esta questão. Falando da interação do nacional com as formas cosmopolitas do processo cultural (que ele chama de "supranacionais"), acredita que ela só será fecunda quando se consegue incorporar criativa e transformadoramente, nos marcos nacionais, os valores gerados em outras realidades. Obviamente, isto se obtém quando há uma consciência da própria identidade cultural, que assim nunca se descaracterizaria.

A literatura em geral é o mais sensível espelho onde este problema se torna evidente. É momento de servir-nos, então, dos exemplos sempre vivos que fornece a literatura de Jorge Amado. Surge à primeira vista, no autor de *Capitães da areia*, uma indisfarçável intenção anticosmopolita. Ele trabalha com elementos que invariavelmente correspondem a uma declarada "originalidade cultural". Onde ela se encontraria? Qualquer leitor de Amado sabe de cor a resposta. Na vida cotidiana das camadas populares. Mas como trabalhar literariamente estes componentes culturais? Aqui devemos nos deter mais um pouco. Não podemos seguir mais adiante sem explicar as técnicas de *folhetim popular* que o escritor baiano utiliza para mover suas criaturas. Como trata um *folhetim* a realidade que almeja descrever?

Bem, nele a realidade é tratada como milagre dadivoso. O povo sempre destaca demiurgos de suas fileiras. As contradições existentes se dissolvem na paciente e sábia memória comunitária. O messianismo é uma forma de consciência que age benevolentemente na vida cotidiana. O sensualismo adquire dimensões religiosas e não há religiosidade que não acabe por revelar sua sensualidade. Uma democracia rústica e elementar, ao alcance de todos, dá resposta a todos os problemas populares. O "saber popular" é uma voz potente e definitiva, a forte compreensão para a qual nada do humano é alheio.

Desta forma, pareceria que é o folhetim o recurso mais hábil para tratar características culturais de conteúdo popular, sertanejo, rural, rústico ou simplesmente grotesco, no sentido que damos a este termo de festa circense dos marginalizados. Misturado, porém, com as comunicações de massa, o folhetim tenta explorar abstratamente uma "alma popular universal", como o prova — entre tantos outros exemplos — a exportação de seriados de televisão. Ao invés, há intentos literários de apanhar as vidas populares pesquisando como se formam genericamente as linguagens no espesso caldeirão das mitologias populares de todos os tempos. Basta pensar nos contos e no romance fundamental de Guimarães Rosa, para ver como se contrói um ponto comum onde as particularidades regionais-populares sustentam, porém, um pensamento místico e sobrenatural de caráter universal... Paradoxalmente, o resultado final não tem nada a ver com qualquer "cosmopolitismo", enquanto a temática "anticosmopolita" de Amado sempre conta com uma faixa de tradutibilidade e universalização muito maior.

Todavia, estas considerações sobre o "intelectual nacional" ficarão incompletas se não

considerarmos o tema a partir das velhas (e despres-
tigiadas) teses do "caráter nacional". Vejamos
de que se trata. Elas visavam descobrir, no seio
de toda sociedade, um núcleo psicológico comum,
como se estivéssemos diante de um indivíduo
gigantesco e dormente, com uma alma interna,
um temperamento único e imóvel que se deveria
despertar ou desprezar, segundo se trate de prota-
gonizar uma revitalização nacional ou de denunciar
seus aspectos "pouco industriosos", a "falta"
de talentos mercantilistas, etc. Mas o que se pode
dizer em primeiro lugar desta "psicologia coletiva", herança inequívoca das literaturas românticas? Bem, surge sempre a mesma resposta: ela
corre perigo de interpretar como traços perten-
centes à comunidade e ao conjunto das classes
sociais o que seriam os envolvimentos espirituais
pelos quais as classes proprietárias reforçam sua
dominação.

Entretanto, opiniões muito relacionadas com
as teses do "caráter nacional" podem não ter
nada a ver (muito pelo contrário) com uma visão
patriarcal e conservadora da história. É o caso,
no Brasil, de algumas obras de inegável beleza
que devem indireta inspiração à tese do caráter
nacional. O excelente prólogo de Antonio Cândido
para *Raízes do Brasil*, de Sérgio Buarque de
Hollanda, caracteriza com brevidade e precisão
as virtudes e defeitos desta corrente intelectual.

As polêmicas, que podemos considerar quase

que já esgotadas, contra esta perspectiva intelectual deram e firmaram outros marcos conceituais que são, hoje, os que predominam no pensamento e na pesquisa social. Esta proposta desenvolve o pensamento social sem vestígios de ensaísmo, de "romantismo" e do que — com ânimo desdenhoso — se identificava como "impressionismo", quer dizer, com o intento de organizar a realidade a partir de intuições pessoais de cunho estético, e não de acordo com suas leis objetivas.

Assim colocadas as coisas, podemos fazer um pequeno balanço da situação do pensamento social no Brasil, depois de finalizado o debate entre as correntes intelectuais que se digladiaram nas décadas de 1940 e 1950 e que culminaram com a fundação dos institutos de ensino superior de ciências sociais.

É evidente que os estudos sociais, fundados na crença numa "originalidade cultural" ou nas "raízes" das configurações sociais, nem sempre conseguiam superar um culturalismo abstrato que desatendia a análise das contradições sociais, dos antagonismos entre as classes sociais. Por sua vez, os estudos que partem considerando os resultados da implantação do modo de produção capitalista com um perfil moderno em suas contradições de classe, mostram freqüentemente pouca disposição para tratar a "questão cultural" e, quando se fazem estas análises, nem sempre conseguem ver a assimilação dos envolvimentos culturais das classes sociais como alguma coisa a mais do que simples "ideologias de dominação".

Podemos perceber aqui a existência de um espaço vazio. Se a análise cultural (cujo "método", observa Antonio Cândido, costuma carregar água para o monjolo da reação) mascarava a sociedade de classes, a rejeição desses excessos culturalistas contém o risco de se dar tão-só uma visão acanhada dos processos culturais, travestidos apenas em técnicas de dominação e esvaziando a vida objetiva cultural da sociedade, ao interpretá-la como "ideologia", como algo falso a serviço do dominador do momento.

Vamos comentar um pouco mais esta questão, considerando-a do seu lado mais polêmico e, talvez, exasperante. Bem, trata-se de ver as intervenções de Glauber Rocha, sempre pontilhadas de um tom arlequinesco, de devaneios e excessos. Pensando estritamente em termos da "originalidade" cultural brasileira — com o óbvio intuito de combater cosmopolitismos — Glauber Rocha apresenta suas opiniões através de estardalhaços admonitórios como este: "No Brasil não se faz nenhum filme, não se escreve romance, nada que tenha relacionamento com a modernidade, com a contemporaneidade da vida brasileira". Ou então: "Nenhum crítico *lukacsiano* ou *gramsciano* escreveu um ensaio sobre Jorge Amado". As procuras estéticas do diretor de *Terra em transe* e *Idade da terra* voltam-se, então, para essa "contemporaneidade" do Brasil, apelando a uma estética de impregnação dionisíaca, possivelmente retirada de leituras nietzschianas. Nele, isto se mistura com uma idéia "cesarista" da política, onde todo e qualquer sentido emana sempre do Poder, um poder cujas incógnitas nunca são fáceis de decifrar, enganando a esquerdistas e direitistas.

Sem estes tons proféticos e atormentados, a comprovação do caráter cosmopolita da cultura brasileira, feito de implantações forçadas e exteriores, percorre como importante fio condutor boa parte do pensamento social. Sérgio Buarque de Hollanda, no seu clássico da década de 1930, já afirmava isso. Pode-se dizer, inclusive, que esta questão não está num ponto muito diferente, agora, daquele a partir do qual foi tratada por Oswald de Andrade na década de 1920. De uma perspectiva diferente o crítico Roberto Schwartz não deixa de coincidir com estes juízos. Para ele as ideologias culturais brasileiras (no caso, o liberalismo durante o segundo império) eram um ornato que apenas traduzia o clima espiritual europeu. Sendo já ocas na Europa, estas mesmas idéias numa sociedade escravagista ganhavam outra volta de parafuso na sua falta de pertinência. Eram as "idéias fora de lugar".

Está em discussão, sem dúvida, se há um núcleo cultural próprio que possa resistir ao conteúdo cosmopolita em geral exteriorizado através da chamada "cultura de massas".

O que são Intelectuais

Revisemos uma vez mais, já quase no fim de nossa caminhada por este setor da galeria, uma resposta vastamente conhecida que se firma na identificação de um tipo cultural próprio como cerne da cultura brasileira, gerado na sua peculiaridade social de origem. Estamos falando da obra fundamental de Gilberto Freyre, sua *Casa-grande e senzala*. Aí se apresenta uma contraposição sobre cujos eixos se conformam as origens da sociedade brasileira, o chamado "complexo casagrande e senzala". Esse complexo tem uma potencialidade integradora *cultural* que, para Freyre, é sempre superior às contradições que poderia *socialmente* gerar, por envolver relações conflitivas entre trabalhadores não livres e proprietários de terras. Não deixa de ser curioso que os esforços permanentes de Freyre por seguir as pegadas do tipo cultural brasileiro "em formação" estejam cada vez mais acompanhados de sua atitude de intelectual cosmopolita, considerando-se herdeiro e interlocutor de antropólogos e acadêmicos anglo-saxônicos mais do que dos intelectuais brasileiros. Ao mesmo tempo, os laços vigorosamente multiplicados nos últimos tempos com os funcionários do poder público substituíram totalmente a relação que o ensaísta, de outra forma, poderia ter com as instituições culturais e de ensino superior de seu país.

Na obra de Jorge Amado — já vimos — encontra-se também a idéia de uma personalidade cultural coletiva, encarnada por um sujeito ativo, *o povo*, interpretado, como diz Bosi, em seu aspecto "gorduroso" e "apimentado". Contudo, os nacionalismos culturais não bebem exclusivamente dos folhetins antropológicos, mas de propostas de análise sócio-econômicas como as que caracterizariam durante a década de 1950 a atividade de instituições como o Instituto Superior de Estudos Brasileiros e, posteriormente, outros semelhantes. Mas, politicamente perplexa e debilitada, esta corrente cultural "nacional-popular" (embora ela reapareça com renovadas vestimentas, sempre com singular persistência) não parece poder superar hoje os obstáculos que a levariam a formular um modelo de "intelectual nacional", socialmente enraizado. Esfacelada, porém, manifesta-se forte na literatura e em outras correntes estéticas. Por sua vez, o pensamento social avançado nas universidades, ao analisar as especificidades do desenvolvimento capitalista no Brasil, recupera em algum aspecto os ecos longínquos das teses da "originalidade cultural" da formação social brasileira. Mas, dela, pode-se reconhecer apenas vestígios na atividade, por exemplo, dos intelectuais que nos últimos anos popularizaram a "teoria da dependência".

As dificuldades, porém, para fortalecer a prática de um intelectual socialmente enraizado, podem ser percebidas pelas ácidas opiniões que, por vezes, é costume lançar sobre a intelectualidade brasileira. No mês de janeiro de 1981, o jornalista Cláudio Abramo, em sua correspondência diária da Europa, comparando intelectuais poloneses com os brasileiros, dizia destes: "a maioria já traiu seu povo antes de nascer, ocupados na carreira pelos postos acadêmicos". Estas opiniões, com maior ou menor grau de drasticidade, são parte do cotidiano cultural brasileiro. Os intelectuais devem provar a força de suas teorias — afirmava Gramsci — construindo "nexos sentimentais" com o povo. O caráter desses *nexos* é o que hoje está em discussão. Como garantir a relação com o povo sem reproduzir ações "populistas"? Como assegurar o caráter ativo das teorias e as pesquisas sem "vanguardismos"? Quando se discute tudo isto, dizemos que é a discussão do "papel dos intelectuais na sociedade". Mas é também a discussão do papel da sociedade na formação de suas correntes político-culturais. Será o tema que nos espera no próximo passo de nosso percurso.

SEXTO QUADRO:
O INTELECTUAL ORGÂNICO

Todos são filósofos.

Gramsci

Agora, estamos finalmente diante da obra contemporânea mais obstinadamente dedicada às análises do significado social da figura do intelectual. É a obra do filósofo italiano Antonio Gramsci, renovador da teoria política marxista, cofundador do partido comunista italiano, autor de uma obra quase que inteiramente situada no terreno da filosofia da cultura — entendendo a política como um caso especial de mobilização cultural — e dono de um estilo de pensamento que passa incisivamente da análise das concepções filosóficas mais gerais para a reflexão sobre como se organiza o pensamento comum popular a partir dos fatos mais elementares da vida cotidiana. Deixa uma obra escrita — no que ela tem de mais importante — quase completamente no cárcere, onde durante dez anos escreveu mais de trinta cadernos escolares com uma letra miudinha, baseando-se apenas em muito poucas referências bibliográficas e submetido a controles dos carcereiros mussolinianos (Gramsci era um preso "especial" de Mussolini), que carimbavam uma por uma cada página escrita pelo filósofo enfermo, artrítico e corcunda, a modo de rotineira censura, o que segundo alguns biógrafos de Gramsci é a causa de o pensador prisioneiro ter mudado as referências explícitas a nomes próprios (de países ou conceitos), substituindo-os por elípticas alegorias. Tal coisa não é inteiramente certa. Gramsci inova a linguagem política privado de qualquer vínculo com o exterior. As duas coisas estão intimamente ligadas. Quando chama o marxismo de "filosofia da práxis", está evitando a censura, mas ao mesmo tempo está fundamentando um novo ponto de vista que inova em quase todas as formas de pensar consagradas pelos marxistas oficiais da época. Escapar à censura confundia-se com o processo de reformulação das linguagens políticas da época e, se tivesse escrito sua obra em liberdade, sem dúvida ela teria perdido sua riqueza perturbadora, devido a seu caráter incompleto, interrogativo, exploratório, obsessivo, composta de notas esparsas e ensaios recorrentemente referidos ao mesmo tema a partir de diferentes ângulos, todos eles embrião de um livro que nunca escreveria, fora do cativeiro. Morreu tuberculoso, três dias depois de ser liberto, enquanto havia uma campanha por sua liberdade encabeçada por Romain Rolland, o autor de *Jean-Christophe*, o herói que não deixa de ter algo de "gramsciano". Mussolini, sabendo-o irremediavelmente enfermo, não quis assumir a responsabilidade de que seu prisioneiro de dez anos morresse no cárcere. Depois do triunfo sobre o fascismo, seu amigo Togliatti, durante quarenta anos secretário-geral do partido comunista italiano, publica os *Cadernos do cárcere* com o intuito de reivindicar o pensamento do filósofo que, por ser chamado de "idealista", nem era cumprimentado pelos outros presos do partido durante os recreios da prisão. Hoje seu retrato — uma das poucas fotos dele conservadas, onde brilha uma expressão de camponês do sul italiano sob seus óculos redondinhos — está colocado em todos os comitês do partido na Itália e sua obra é centro de ásperas polêmicas ainda não esgotadas. Togliatti publicou os *Cadernos* separando a seqüência cronológica em que as notas iam sendo escritas segundo diversas áreas temáticas. O tema dos "intelectuais", as reflexões sobre o Estado inspiradas em Maquiavel, as discussões com Benedetto Croce e com as vertentes "economistas" do marxismo, o problema de uma

O que são Intelectuais 87

literatura nacional italiana. A tudo ele pôs títulos muito apropriados, com os quais a obra gramsciana ainda hoje é conhecida em todo o mundo ocidental, revelando que acima das divergências políticas, Togliatti tinha compreendido o cerne da obra gramsciana. Acima de todas as decisões políticas do PC italiano, paira hoje o espectro gramsciano, e sua leitura é discutida há vinte anos, adotada ou vivamente rejeitada pelas esquerdas européias ou latino-americanas, tendo ainda inspirado não poucas especulações do neomarxismo francês orientado no começo da década passada por Althusser e Poulantzas.

Bem, não podemos nos deter muito mais na biografia de Gramsci, mas é preciso lembrar que ela é parte de sua obra escrita. O cativeiro dá o rosto que a obra tem, não podendo ser dissociada das condições da prisão, da abolição dos laços com a vida exterior. Escrita para um público invisível ou inexistente, na verdade escritos para ninguém, os *Cadernos* encontram seu público vinte anos depois de escritos, perdurando como exemplo de uma reflexão livre, como demorada e comovente introspecção, num contexto de privação da liberdade. O pensador prisioneiro coletava às influências do primeiro marxismo italiano, da filosofia de Benedetto Croce, das modernas correntes de pensamento sociológicas e de numerosos autores de tradição "idealista".

Mas, no fundo, não fazia senão pensar sobre

si mesmo, sobre as condições da tarefa intelectual quando ela se defronta com a ordem social. Uma ordem social que, para Gramsci, teve o severo aspecto de uma drástica sentença do Ministério Público e dez anos de punição e enfermidade na prisão.

Vejamos agora o que poderia ser considerado o ponto de partida da reflexão de Gramsci. De Benedetto Croce, o filósofo italiano de vasta influência nos ambientes acadêmicos oficiais, Gramsci retira a maior parte de seus temas, reapropriando-os, reinterpretando-os, contestando-os. Gramsci começa observando — e nisto é direta a influência de Croce — que "todos os homens são filósofos", que todos os homens são intelectuais. Todavia, isto não quer dizer que todos assumam essa condição, porque não serão designados socialmente como intelectuais aqueles que trabalham com meios expressivos "populares". Aqui encontramos o problema central da obra gramsciana: a relação entre os intelectuais que cumprem essa função com reconhecimento social e os que a sociedade não reconhece como intelectuais, pois seus meios de expressão cultural são "baixos" ou "subalternos".

Nessas expressões "subalternas" encontram-se os pensamentos populares em geral, em estado de cotidianidade, em suas formas mais naturais e com as rotinas próprias do "senso comum". Como uma sociedade mantém sua coesão?

O que são Intelectuais

Gramsci na prisão, repudiado por seus colegas de partido.

Já podemos dar uma resposta. Produzindo "funcionários" muito especiais — os intelectuais assumidos, dos mais notáveis até o mais humilde bibliotecário de cidadezinha interiorana — que geram o consenso. Por sua vez, como as classes subalternas expressam seu intelectualismo? Aí, sim, a vida intelectual existe reprimida sob a forma de senso comum. O senso comum garante que possa existir consenso sem que ninguém se sinta violentado ou arrancado dos modos de comportamento cotidiano.

O que será, então, a política para Gramsci? A resposta seria a mesma se tivéssemos perguntado "o que são os intelectuais". Será uma expressão cultural que visa assumir as formas homogêneas de consciência social, em um "bloco" no qual as classes produtoras e trabalhadoras encontram a proposta intelectual capaz de dirigir a sociedade.

Esta trama cultural fornece as justificações imediatas para exercer as formas de influência e dominação numa sociedade. Nós nos atreveremos, agora, a colocar em um quadro todas as formas de expressão intelectual que Gramsci reconhece, não sem antes advertir que este quadro não aparece em nenhum momento na sua obra. Isso só se justificará se extrairmos daí vantagens pedagógicas. Se assim não for, poderá ser rejeitado como o enxerto de um coração artificial. Eis, com essas ressalvas, o quadro:

Agora, retomemos nossa explicação pelos ângulos que este quadro oferece. Entre os intelectuais que realizam "funções conectivas", isto é, que transmitem influências culturais assegurando o controle social, defrontamo-nos pela primeira vez com os conceitos de *tradicional* e *orgânico*. Estes dois conceitos de Gramsci têm sido utilizados constantemente, embora se deva dizer que muito menos (ou quase nada) pelo próprio Gramsci que pelos "gramscianos". Muitas pessoas vinculadas ao estudo das ciências sociais enrubesceriam se fossem surpreendidas utilizando o desacreditado par complementar de conceitos "tradicional-moderno", para qualificar qualquer processo histórico numa linha ascendente de progresso e superação de "retardamentos" culturais. Porém, com igual facilidade emprega-se a dualidade gramsciana, "tradicional-orgânico", que tão bem lembra a anterior.

Que fatos da realidade tentam apreender estes conceitos? Digamos primeiro como se definem os intelectuais tradicionais. *Intelectual tradicional* é aquele que desenvolve funções culturais de ligação entre as administrações políticas regionais ou nacionais com o conjunto da população ainda não incorporada às relações de produção capitalistas. De modo geral, o intelectual tradicional é visto por Gramsci no exercício de certas profissões, como advogados, tabeliães, médicos, padres e políticos que, além de tudo, têm uma atuação especialmente definida nos meios camponeses. Eles não fazem apelos "classistas", sendo sua óbvia formulação cultural aquela que os faz aparecer como depositários do patrimônio espiritual do conjunto da comunidade, misturando hierarquias herdadas das "corporações" pré-capitalistas e uma relação "paternalista" entre os estratos pobres e os estamentos aristocráticos da sociedade. Não restam dúvidas de que estes intelectuais são a armadura espiritual e política das classes proprietárias latifundiárias.

Os *intelectuais orgânicos* correspondem à

função de dominação cultural que procura atingir grupos sociais emergentes, forjados com o crescimento das forças produtivas e das relações sociais capitalistas. Neste grupo de intelectuais ligados às burguesias urbanas ascendentes encontram-se políticos, jornalistas, técnicos, empresários e militares ligados às novas funções econômicas e a sua expansão em todos os recantos da sociedade. Longe de encobrir sua situação de classe e acenar com uma fala "em nome da comunidade em geral", eles fazem seus apelos diretamente em nome de uma modernidade fundada em interesses de classe, que deixam transparecer ao invés de disfarçá-los. Isso não conviria, é claro, ao desenvolvimento da mentalidade industrialista, nos seus primeiros choques com os funcionários da visão do mundo tradicional.

Enquanto o *intelectual tradicional* age com o auxílio de formas de consciência já petrificadas na memória social, o *intelectual orgânico* como indivíduo ou atuando no partido político que representa seus interesses sociais, é o portador de um projeto de "hegemonias" baseado em um universo cultural e moral que desagrega valores anteriores e constrói outros novos.

Bem, já pronunciamos a palavra que estava faltando: *hegemonia*. É a chave que nunca cai das mãos do filósofo Gramsci. Convém, então, nos determos nela para explicá-la... Entretanto, pode-se suspeitar: já não explicamos o que significa o conceito de hegemonia? *Sim, já estivemos falando dele*. Quando? Continuamente estivemos falando dele, sem necessidade de mencionar seu nome. O conceito de hegemonia é a pedra de toque do edifício argumentativo gramsciano. É a pedra-ímã que mantém girando ao redor de um centro de gravidade comum uma obra feita de trechos dispersos, notas esparsas e longos comentários que se interrompem repentinamente, assemelhando-se a um grande planeta que deixou seus fragmentos flutuando no espaço depois duma explosão. Ora, vejamos como esses fragmentos são atraídos à fonte de energia comum, a palavra "hegemonia". . .

Hegemonia quer dizer que uma sociedade baseia as formas principais de disciplina no consenso e não na punição explícita, quer dizer, que o poder é "compreendido" muito antes de que venham os partidos a explicá-lo, quer dizer que toda a sociedade estabelece um cerne de unidade cultural que se traduz e espalha de diferentes formas (de uma obra filosófica até um livro didático ginasial, de uma teoria sobre o Estado até uma receita de cozinha) e que tem nos intelectuais os atores destinados a essa transmissão e tradução. E, por isso, dizer "hegemonia", finalmente, é o mesmo que dizer "intelectuais" e sempre nos conduz ao caráter *orgânico* da sociedade. O "intelectual orgânico" é o máximo grau de consciência de um intelectual sobre sua própria situação na sociedade. É também devido a isto que a diferenciação entre "tradicional" e "orgânico" termina perdendo sentido, pois tudo termina confluindo aí, nas feições orgânicas da sociedade, onde "todos são filósofos".

O intelectual orgânico de um grupo social subalterno que está rompendo com a rédea de hegemonias tradicionais formulará um novo projeto de relação com o senso comum, lugar onde se encontra a filosofia popular, lugar onde age o "filósofo popular". Como procederá esse intelectual diante da consciência popular? *Primeiro baseia-se nela, porque todos são filósofos.* Não age dizendo: "venho trazer uma ciência nova, esqueçam todo o anterior"; pelo contrário, registra a atividade cultural já existente — vestígios de todas as formas anteriores de dominação, mas também de todas as formas anteriores de reflexão que podem ter servido como instrumento para se livrar dessa dominação. *E depois, "de dentro" dela, tenta torná-la crítica;* de "dentro" dela. . . porque não há pensamentos "falsos" ou "verdadeiros" em si mesmos, mas pensamentos que expressam com mais ou menos claridade a presença dos interesses de classe; no caso das classes produtivas e operárias, porque sua consciência social já contém pressupostos a partir dos quais se pode elevá-las a uma concepção superior do mundo. Esses elementos, se não estão já contidos na própria vida popular, não podem vir de nenhuma outra parte.

Ora, a proposta gramsciana para julgar as consciências "altas" e "as consciências rústicas", baseada nas idéias de que todos somos filósofos, não poderia conter a expressão leniniano-kautskiana de 1902, que já vimos, ao comentar o *Que fazer*: o conhecimento "vem de fora" dos trabalhadores. Isto é um bom motivo para dedicar, neste momento de nosso percurso, algumas breves considerações sobre as relações entre a atitude de Lênin e a atitude de Gramsci com relação "à questão dos intelectuais" Não pode passar inadvertido que, para o filósofo italiano, a condição de intelectual não se define pelo caráter *intrínseco* dos produtos intelectuais (estar em contato com teorias, com atmosferas livrescas ou linguajares acadêmicos), mas pelo seu caráter de ser um conectivo social, uma função que assegura a relação de dominação e hegemonia entre as classes

Já para Lênin é óbvio que não é assim: um intelectual domina uma dimensão analítica superior e tem a coerência das teorias (às quais chega por meio de estudo ou da pedagogia da luta política) como um valor de verdade que se destaca daquelas consciências que ainda não chegaram a esse estágio.

Essa diferença entre o prisioneiro de Mussolini e o chefe da insurreição dos sovietes decorre das diferenças de julgamento de como se dá a passagem da consciência espontânea para as concepções superiores do mundo.

Enquanto para Lênin há uma *cisão* entre o pensamento espontâneo e a teoria da revolução, para Gramsci essa cisão não existe. Ao invés, há uma *unidade* própria do caráter orgânico da sociedade. "Há duas e só duas ideologias", diz Lênin no *Que fazer*, e entre elas uma fenda que cinde a concepção do mundo burguesa da proletária e que dá motivo à ação política do partido que agita, que organiza e educa. O "espontaneísmo" tem para Lênin limites prefixados em seu fervilhar. Para Gramsci, esses limites são superados "desde dentro" da própria ação espontânea, bastando traduzi-los às visões do mundo que melhor expressem o conflito social.

Se para Lênin é a cultura que supõe processos ideológicos, para Gramsci é a ideologia que não existe sem processos culturais. Se em Gramsci todos os membros do partido "são intelectuais" pela sua função social, em Lênin, ainda que isso se pudesse também afirmar, o seria por diversas razões, que decorrem da consistência interna da teoria revolucionária e da capacidade dos militantes para compreendê-la e enriquecê-la. De resto, Lênin não tem nenhum empolgamento pelo conceito de "intelectual", que apenas utiliza descritivamente.

No entanto, a expressão que Lênin emprega para designar o *jornal*, entendendo-o como *organizador coletivo*, é a que mais se aproxima a uma identificação com a idéia gramsciana de intelectual, precisamente um organizador de cultura, das vontades coletivas. Mas trata-se do jornal, e a expressão "organizador coletivo", que lembra o conceito de hegemonia de Gramsci, este a utilizaria mais propriamente para o partido e não para seus órgãos de imprensa.

Em Lênin o partido é onisciente. Este conceito não teria sentido em Gramsci, pois "concepções do mundo" são patrimônios de todos os setores sociais. Mas os intelectuais leninianos o são, pois dominam específicas condições de produção de idéias e formas de compreensão da realidade. E em Gramsci? Sendo todos intelectuais, a idéia do orgânico da vida cultural acaba devorando-o todo. Todas as possibilidades de trabalho conceitual produtivo correm o risco, assim, de se reduzir a funções de organização social. Não há teorias mas "visões de mundo". Entende-se, então, por que em Lênin não caberia esta proposta. Em termos do autor do *Que fazer*, não faria sentido estender a condição de filósofo e intelectual a todos os homens. A luta teórica perderia razão de ser, substituída pelo choque, delicado e lento, entre todas as cosmovisões que jazem em qualquer sociedade histórica.

É evidente que Gramsci, querendo evitar uma "onisciência" detida por um grupo político fechado, que nem sempre saberá afastar tentações elitistas, coloca a questão intelectual como uma função social que se aproxima da posição oposta: *sendo todos oniscientes*, o saber tornou-se sinônimo de qualquer forma de organização social, por mais banal que esta seja do ponto de vista de suas explicitações teóricas: o Rotary Club ou um jornal semanal interiorano. Como escapar deste *sociologismo*, que Gramsci recebe como herança de boa parte das sociologias acadêmicas reinantes na Europa anterior à I Guerra Mundial? Bem, o próprio Gramsci põe à margem das funções conectivas os "grandes intelectuais", as pessoas "especialmente preparadas" para a vida do pensamento. Eles não poderiam ser qualificados nem de "tradicionais" nem de "orgânicos". São aqueles que às vezes "influem mais do que toda uma universidade inteira". Daí, a impossibilidade de dizer deles se são, ou se não são, orgânicos. Não teria sentido aplicar-lhes o rótulo. Gramsci nem sequer designa com ele seu inspirador, o antagonista Benedetto Croce. Disse dele "papa laico", "intelectual renascentista" ou sugeriu que estava "mais perto da Fiat que de Aristóteles". Está claro, então, o que poderia ser Croce. Um "cosmopolita". Evidentemente, Gramsci está pensando em uma outra situação no que diz respeito aos "grandes intelectuais". Eles podem transformar-se em "intelectuais nacional-populares" no caso de inspirarem sua obra no chão cultural de origem, ou em "cosmopolitas", se vivem dos horizontes culturais gerados em outras realidades. Estas ressalvas evitam reduzir as sociedades a um "fenômeno intelectual".

E, ainda assim, não resulta muito apropriada a dicotomia gramsciana para identificar casos muitos específicos, onde elementos cosmopolitas se misturam com elementos próprios, culturalmente "nacionais" e — se for o caso — "populares". Como julgar Sartre, Neruda, Drummond, Borges ou Chico Buarque? As incertezas para dar respostas devemos adjudicá-las ao fato de serem as categorias gramscianas especificamente pensadas para a Itália da década de 1920, com o sul camponês atrasado e o norte industrial, combatendo a influência do mestre Croce, mas de quem Gramsci tomará paradoxalmente até o conceito de "hegemonia", rejeitando as interpretações "economistas" que imperavam no marxismo, com suas derivações politicamente "ultra-esquerdistas" e, acima de tudo, tentando discutir o poder da Igreja, tomada como modelo de organização cultural capaz de integrar as massas socialmente submetidas e subordinadas. Por isso não tem sentido ler literalmente a Gramsci e sentir-se habilitado para "aplicar" o binômio "tradicional-moderno" a qualquer situação. Sérgio Buarque de Hollanda seria um intelectual "tradicional" e o sociólogo Francisco Weffort, "orgânico"? Nada mais inoportuno que "descer" estes rótulos que empobreceriam a interpretação do papel dos intelectuais na sociedade brasileira contemporânea. O próprio Gramsci, o que foi? Como exemplo de um vigoroso pensamento que floresce em situação de máxima hostilidade, expropriados seus laços com a realidade exterior, ele representa a possibilidade sempre aberta de que idéias de liberdade cresçam quanto mais os corpos e as vidas parecem humilhadas dentro dos edifícios de vigilância. Obra do isolamento, sem público, sem fontes bibliográficas, sem editores, sem banca examinadora, sem marco de discussão, não poderia ser rotulada com nenhuma das categorias que permeiam seus escritos. É a prova de como a filosofia e o pensamento social crescem no mesmo lugar onde se desenvolve uma tragédia pessoal.

SÉTIMO QUADRO:
O INTELECTUAL DO
CÍRCULO DO PODER

> Por que os intelectuais já não mais
> acreditam na França?
>
> Pergunta do gen. De Gaulle à
> André Malraux

Quando fizemos nosso percurso pelos seis quadros anteriores, seguramente não pudemos evitar uma comprovação. A atividade intelectual é uma atividade política, e isto é relativamente óbvio para todas aquelas concepções que colocam o momento mais nobre da vida intelectual como um momento político. Ou, se se quiser, o momento mais nobre da vida política como um momento intelectual. Mas como seria isto para todas aquelas formas da vida intelectual

O que são Intelectuais

que rejeitam inserir-se nas cerimônias, honrarias e ditirambos que a sociedade destina para seus sábios, poetas, cientistas e escritores? Já vimos: escapam do "poder" estabelecido ou de qualquer outro poder que venha estabelecer-se para substituí-lo. Amaldiçoam o poder. Por isso cospem nele e o renegam, culpado de rebaixar a inspiração, de deturpar o contato com a beleza e de empobrecer a pesquisa sem condicionamentos. Acreditam em levar até as últimas conseqüências de verdade e sensibilidade a atividade intelectual, na mesma medida em que esta saiba desatar os nós que invisivelmente, ou não, a atrelam a Estados, príncipes, academias, universidades, partidos, etc. Pois bem, é paradoxalmente com uma atitude como esta — seja o que for o que se pense dela — que a existência de um centro de poder nas sociedades fica explicitamente assinalado, com luzes de néon.

E na mesma medida em que muitos intelectuais fogem das instituições onde se concentra o poder, outros se dedicam a pensar a atividade intelectual como uma vocação que só tem sentido ao redor de um núcleo irradiador de força e de sentido. Ao redor de um "príncipe", seja este Partido, Exército, Estado ou sociedade literária. Porém, não se creia que nesta atitude há apenas complacência e adulação. Disponhamo-nos a ver como o problema desta relação — intelectuais e poder estabelecido — não deixa de ser complexo.

Estamos já diante de quem se propõe conquistar os favores do Príncipe. Falar-se-á, como não poderia ser de outra maneira, de Maquiavel e sua célebre obra. A atividade intelectual parece desprovida de intenções cruamente referidas ao poder, no entanto fala permanentemente do poder. Protesta sua subordinação e seu espírito de serviço. Quer pôr-se sob sua proteção, acenando somente com uma abnegada e humilde atitude de tino e sabedoria. Mas, se o intelectual não é convocado para proferir opiniões e igualmente o faz, o Príncipe terá razões para suspeitar de que esses serviços, não solicitados e despojados de mundanidade, carregam também a secreta tensão do poder, cujo ímã a ninguém deixa indiferente. "Desejando me oferecer a vossa Magnificência com qualquer prova de minha sujeição...", diz Maquiavel no sempre relembrado prólogo de *O Príncipe*, dirigido a Lourenço de Médici, no ato de ofertar ao governante seus conhecimentos, adquiridos pela experiência "das coisas modernas e pela leitura das antigas". Não desejaria — prossegue o florentino astucioso — que me imputassem a presunção de, sendo humilde e de baixa condição, discorrer acerca do governo dos príncipes e criar-lhe regras. O intelectual apresenta-se como pertencente a outro âmbito, de "baixa condição", o que poderia ser interpretado como uma temeridade no caso de que pretendesse "criar regras" de governo. O que, como se sabe, Maquiavel fez,

O que são Intelectuais

e melhor do que ninguém. "E se vossa Magnificência, do cúmulo de sua altura, descesse de vez em quando a olhar estas humildes paragens, verá quão indignamente suporto uma grande e contínua maldade da fortuna."

O intelectual maquiaveliano não encarna, explicitamente, nenhuma ruptura. Mas explora teimosamente, e as delata, as diferenças entre "as alturas" e "as humildes paragens". E isso é a política. Verdadeiramente, *cria regras*. E por isso não é príncipe, não age no domínio da execução. Mas também por isso não é povo, pois o povo não converteria numa "regra" sua sujeição ou seu conhecimento do poder. É propriamente o intelectual quem faz isso, não sendo nem príncipe nem povo, e tentado a ser Príncipe e Povo ao mesmo tempo. Como suportar a contradição de descobrirr a dialética príncipe-povo, mas não pertencer propriamente a ela? O Poder pode desconfiar de certas glorificações, como o duque de Bejar desconfiou de Cervantes, que lhe oferecia o *Dom Quixote*. O poder sente-se cômodo quando parece ser um fato natural, irrefletido, habitual, corriqueiro e trivial como uma pedra ou uma ponte. Mas outras formas de poder — já veremos — não resistem a ser canonizadas pelo ofício do intelectual. E não de uma forma tão ingênua, como aquelas louvações que Carlos V recebera nas telas de Ticiano.

Com efeito, qual seria a justificação para ser

um intelectual "junto ao poder" e não perder o contato com as fontes incondicionadas da criação? Este é o tema permanente de André Malraux, e ele o desenvolve assim: o herói pertence ao imaginário, o que iguala o herói histórico ao herói romanesco. O intelectual é de menor estatura com relação a ele, mas é seu necessário cronista. Por isso Malraux o foi de De Gaulle, depois de sê-lo dos heróis da revolução chinesa de 1927 e depois dele mesmo tentar o sentido heróico da história como aviador ao serviço da República Espanhola e como coronel da Resistência contra os nazistas. No entanto, o Poder é entendido como uma missão, como uma renúncia de monge. No diálogo (real?, imaginário?) que Malraux sustém com De Gaulle (publicado no livro de Malraux *Les Chênes qu'on abat...*), o escritor diz para o general: "Uma das razões pelas quais sou considerado uma espécie de gaullista simbólico, meu general, é o fato de que nunca me haja feito eleger; quando o senhor me disse, meio a sério, meio brincando, 'seja ministro', eu perguntei-lhe 'para quê?' ' "

Estar a serviço do príncipe, para Malraux, supunha perceber que o poder poderia converter-se num suplício, pois seu máximo brilho (poder salvar a comunidade) poder-se-ia considerar também sua máxima alienação (o salvador será rejeitado). Enquanto, em Maquiavel, há uma visão dessacralizada do poder, e o "texto com regras"

O que são Intelectuais

107

é uma cartilha onde o poder explica o recurso à força, sem nenhum dos empecilhos da pieguice, em Malraux a relação do intelectual com o Poder, do Texto com o Mando, termina no inexplicável ou em uma fogueira nostálgica e sacramental, ao poder da qual os últimos fiéis se reúnem para se despedir do grande homem incompreendido e abandonado, pelos mesmos que tudo lhe devem.

Em Malraux, o poder é um gesto ético, antes de qualquer outra coisa. Suas projeções sociais virão depois, são secundárias e de menor significação. Criar heróis coletivos é o momento mais forte e denso do processo histórico. Isto se percebe mais claramente em Malraux que em Maquiavel. E, se o intelectual do círculo do poder leva até as últimas conseqüências sua relação com o herói coletivo, erguerá sua literatura em relação a ele, tornando-o seu personagem literário principal. "De Gaulle" é um personagem arquetípico nas mãos do romancista Malraux, muito mais do que Lourenço de Médici o é de Maquiavel. Mas, nos dois, o poder encarna um mito laico, exemplar. Daí que o pensamento não procure "leis" mas "exemplos". Diante do arquétipo coletivo o intelectual não deve reconhecer nenhuma consciência mais alta do que essa.

A concepção "gaullista" do intelectual — que, na verdade, é a concepção napoleônica — afirma que a liberdade de espírito deve "defender-se a qualquer preço... salvo ao preço da realidade nacional, que é seu alicerce". Paradoxalmente, o intelectual "voltairiano" é um modelo possível e aceito, pois, segundo De Gaulle, Voltaire estava "mais ligado à França que à Razão". Basta pensar no implacável e inesquecível Homais, o farmacêutico voltairiano de província retratado por Flaubert em *Madame Bovary*.

Amargurado, reflete o General: "os intelectuais se apaixonam pelas *intenções*; nós, pelos *resultados*... Que se pode fazer para pôr-nos de acordo? Almoçar juntos?". A ironia pinta com clareza a incompatibilidade entre a visão heróica, mas também cética da história, e uma outra visão para a qual a história não tem seu ponto forte na existência do "grande homem". Pensar em "intenções" é agir ideologicamente, enquanto os "resultados", na visão gaullista, sempre supõem uma combinação pragmática de patriarcalismo e até de jacobinismo, embora sem "intelectualismos" à margem da vida nacional *real*.

Mas já é momento de abandonar a galeria. Somos os últimos visitantes e o porteiro noturno nos dirige gestos de impaciência. Enquanto se apagam as luzes, saímos com muitas incógnitas emocionantes pesando em nossas costas...

À SAÍDA DA EXPOSIÇÃO, PERSISTE A PERGUNTA: O QUE SÃO OS INTELECTUAIS?

Uma exposição, como seu nome diz, não tem por que esclarecer forçando as coisas. Ela, isso sim, deve expor. E nos foram expostas as crises, dilemas e dificuldades da tarefa do intelectual. O intelectual nada é sem elas. Pedem-se definições? Neste fato encontramos uma: o intelectual é a mais frágil ação que se desenvolve na sociedade, precisamente porque não pode evitar transmitir suas contradições. E também porque desvenda a *culpa* de um afastamento das crenças comuns, o *desejo* de abolir as fontes de coerção, enquanto diz deter os *instrumentos* conceituais para pensar um mundo novo. Culpa, desejos e instrumentos flutuam com diferentes pesos e tons na consciência do intelectual. *Fazem* a consciência do intelectual. Os intelectuais ocupam um leque de situações que vão desde querer redimir a todos, com algo de profetas, a querer mudar as injustiças, com propostas revolucionárias, ou a rejeitar sua própria condição com uma obra aniquiladora de seu próprio eu. Todas estas variações são as contradições da sociedade transcritas na consciência do intelectual. O intelectual é a demonstração, no nível das escrituras, dos símbolos, da criação de novos valores, de que esses fatos contraditórios existem como matéria-prima da realidade social.

Sartre rejeitou o prêmio Nobel. Outros o procuram. Faz diferença? O mesmo poder que afoba a independência das consciências, pode estimular, às vezes, movimentos de defesa da vida. Mas isso porque o intelectual conforma uma categoria que parece homogênea e, verdadeiramente, até conta com muitas opções para trabalhar com a convicção da universalidade das práticas cognoscitivas, conceituais, estéticas. As sociedades concretas, porém, reclamam de diversas e diferenciadas formas os compromissos de seus intelectuais. Tanto é assim que não há nenhum lugar onde não se desenvolvam movimentos de intelectuais ligados a *sua realidade social* e que insistem permanentemente em não copiar esquemas, soluções e teorias de *outros* contextos. E diante deste fato, que desagrega as práticas intelectuais, também nunca se deixa de assinalar a irreversível inter-

O que são Intelectuais

dependência das problemáticas culturais e o caráter universal das conquistas espirituais dos homens. Entretanto, a palavra ''intelectual'' serve — e nosso passeio talvez ajudou a comprová-lo — para conter essas contradições salváveis ou insalváveis. É ela mesma o terreno de uma contradição, que não se consegue dissimular pelo fato de designar, com a mesma palavra, crenças contrapostas e caminhos diferentes para intervir na vida social.

A força do intelectual é seu relativo distanciamento das lutas sociais diretas. Mas essa é também a fonte de sua debilidade. Se ele pode ser crível porque, ao nos falar do poder, o faz desprendido de paixões imediatas e afastado de práticas pouco enaltecedoras, isso mesmo é o que também o faz inocente, inócuo e, por vezes, até falaz. As contradições entre suas problemáticas teóricas e a realidade que diz desejar servir, motiva sempre diversas respostas. Ou se expõe ao isolamento na torre de marfim (ainda que, como dizia Virginia Woolf, torre ''inclinada'' sempre para algum problema selecionado como o mais premente) ou deve viver de contínuas ''autocríticas''. Tal foi o caso de Georg Lukács, o filósofo marxista húngaro, que fez reiteradas autocríticas de suas obras mais importantes, para não perder as vinculações partidárias. Ora, com Lukács nunca se sabe em que acreditar; se no Lukács que autocritica ou no Lukács autocriticado, e a falta de resolução deste dilema é talvez o que fica de interessante de sua obra. O véu que ele estendeu sobre seus textos resulta mais interessante que o valor real deles. O "caso Lukács" é um terreno excepcional para estudar as dificuldades do intelectual, dilacerado entre suas pertinências teóricas e sua vocação ético-política. Max Weber acreditava que no poder havia alguma coisa de diabólico; em Lukács, seu remoto discípulo, essa convicção dava-se de modo diferente. O poder santificava a obra. Mas tudo isto aconteceu antes de que uma corrente intelectual francesa — Foucault, Barthes, Lacan e seus discípulos — descobrisse (ou voltasse a lembrar) que qualquer forma de conhecer a realidade oculta uma trama de poder. Explicitaram-no e, na maioria dos casos, não foram conseqüentes com essa descoberta, que os teria condenado ao silêncio. Não raro, transladaram as lutas pelo poder nas suas próprias academias e círculos intelectuais. E quando o filósofo da psicanálise Lacan dissolvia sua escola psicanalítica em Paris, no mesmo momento criava-se a sucursal paulista dos "lacanianos", demonstrando que os velhos intelectuais liberais e positivistas, muitas vezes, tinham mais astúcia para colocar suas idéias "fora de lugar" e fazer seus diálogos com as correntes culturais européias em meio de silêncios, indiretas ou adaptações irreversíveis.

Alguns procuram converter-se em intelectuais "orgânicos", enquanto outros suspeitam que essa

O que são Intelectuais 113

conversão vai tolher as fontes socialmente inalienáveis da criatividade. Superficialmente, este debate pode ser interpretado como uma acentuação do lado "intelectual" do saber contra uma acentuação do lado "estético". Dito de outra forma, é a polêmica belamente insinuada por Mário de Andrade em 1942, em que lamenta não se ver "pegando a máscara do tempo e esbofeteá-la", polêmica que reaparece periodicamente sob outras roupagens. A última delas parece ser a que colocou o problema em termos das "patrulhas ideológicas", conceito com o qual se queria responder àqueles que, ao entregar-se exclusiva e acanhadamente a julgar a "máscara do tempo", não deixavam espaço para abrir os leques criativos nas mais variadas direções que o acaso ditasse.

O professor Sérgio Miceli constrói uma história da intelectualidade brasileira, em que se levantam as relações dos intelectuais com o Estado — especificamente com o "Estado Novo" — supondo que a maioria deles são "parentes pobres" e "estigmatizados" das classes dirigentes que, ao serem incorporados ao serviço público, encontravam, ao mesmo tempo que uma fonte de subsistência, os limites sutis que estreitavam sua autonomia criativa. Por sua vez, o professor Carlos Guilherme Motta contribui com uma história dos intelectuais brasileiros, na qual o centro do interesse não é a relação com o Estado, mas com as "ideologias" culturais que estendem ciladas e mascaram a sociedade de classes sob um apelo ao estudo das formas de integração e amálgama cultural, próprias das teorizações sobre o "caráter nacional".

Ora, não parecerá nunca inoportuno cuidar que estes intentos de *sociologia da cultura* não dissolvam as *obras específicas* nos processos das mentalidades coletivas (apesar de certas coincidências, não é obrigatório pôr no mesmo saco *Raízes do Brasil*, de Sérgio Buarque de Hollanda, e *Retrato do Brasil*, de Paulo Prado), nem também pode parecer descabida a ressalva que Antonio Cândido faz no mesmo prólogo do livro dè Miceli: o "escritor-funcionário" Drummond de Andrade era secretário de gabinete do ministro Capanema, mas isso não obriga a reduzir a esse fato social o juízo sobre sua obra, por exemplo, sobre a *Rosa do povo*, contemporânea dessa época.

Quanto a nossa visita à galeria, é preciso fazer um esclarecimento. (Esse esclarecimento é talvez desnecessário, embora, se fosse necessário, agora parece um pouco tarde para fazê-lo.) Trata-se do seguinte: é evidente que os "tipos" de intelectual que enumeramos não existem como uma catalogação apriorística, prévia às escolhas vitais dos intelectuais concretos. Mas isso não é evidente por si? Ou bem cada intelectual específico é um caso à parte e consideramos a vida intelectual como um exército no qual "todos são generais", ou então construímos uma teoria genérica do intelectual — como no caso de Gramsci ou de

O que são Intelectuais

Karl Mannheim — na qual se perdem os itinerários intelectuais específicos, tratando este tema dentro de uma teoria geral do conhecimento social, da prática política ou dos processos culturais e "superestruturais". Nossa opção foi realizar o "passeio" por um percurso onde os "retratos" são tipos fluidamente construídos, muito abertos, onde os "casos" específicos não perdem sua originalidade e, ao mesmo tempo, também não perdíamos a possibilidade de explorar definições mais genéricas sobre a prática intelectual. Mas os tipos escolhidos são arbitrários. Servem apenas para *este* percurso pela galeria. Um novo percurso até nos deveria obrigar a mudar os "quadros", tanto de lugar como de denominação. Por isso, ainda escolhendo o caminho das tipologias (por parecer mais pedagógico), é preciso advertir sobre o perigo das categorias arquetípicas e imutáveis. Nosso próprio percurso *deve* dar essa idéia, pela maneira que foi relatado e pelas coisas que encontramos pelo caminho. Sartre entre os malditos? Nosso percurso o permitia. Maiacovski no mesmo espaço que os populistas? Também o percurso o permitia. Está correto Nietzsche entre os precursores? O lugar em que colocamos Simone Weil não descontentaria seus leitores e admiradores? Porém, fizemos nossa viagem para provocar, justamente (e não para abafar), estas perguntas. As categorias, então, as fizemos porque de alguma maneira estão implantadas na linguagem da época (quem não escutou falar de "intelectuais orgânicos"?), mas também as fizemos para advertir, finalmente, que o mais interessante nelas são as dúvidas que oferecem, com a idéia de que a vida intelectual sempre resiste à compartimentação. E também com a idéia de que, quando a classificação aparece, é muito mais tentador averiguar o que há na passagem de uma categoria a outra (nos casos ambíguos ou nos mais refratários à rotulação) que no interior de cada uma delas, e que, além de tudo, não são incompatíveis entre si.

Entretanto, surge claramente que nossa visita não se fez com critérios estritamente "sociológicos". A interpretação "sociológica" foi introduzida apenas como um caso possível. E ainda nesse caso — através das formulações de Gramsci ou, ainda, dos intelectuais notoriamente "capturados" pelo Poder estabelecido — sempre tratamos de enfatizar o caráter perturbador que tem a definição e a tarefa do intelectual. Perturbador porque a aceitação de ser um produto social, e ainda sua "cooptação" pelo Estado, nunca deixa de lembrar que a infidelidade, a rejeição amargurada e até a autoflagelação sempre serão o horizonte latente ou possível. Se pudéssemos dizer muito apressadamente o que significou nosso passeio, deveríamos pensar que os intelectuais são pedaços de uma argamassa cultural que se ilude com uma unidade impossível e que está condenada à fragmentação, às lutas sociais. Perduram, porém, traços remotos, nessa luta, de uma prática de conhecimento e de produção cultural *unitária*. Era essa, aliás, a palavra que Gramsci usava quando se referia ao mundo da política, quer dizer, da cultura, quer dizer, das hegemonias, quer dizer, do poder expressado sem coação direta, quer dizer, do caráter *orgânico* das sociedades. Podemos ser "orgânicos" e nunca perder um aspecto maroto de "peça solta". Dizia Fernando Pessoa que ele nunca soube resolver um impressionante dilema: ser intelectual sempre tem algo de imoral. Ao mesmo tempo, outra tendência sua, inata, de caráter moral, fazia combinação com um ar inevitável de estupidez. Como resolver a dualidade entre uma moralidade estupidarrona e uma intelectualidade amoral? Mortífera combinação, que muito nos aproxima do caráter contemporâneo do intelectual. Se não se resolve o paradoxo, o intelectual almejará (ainda que apelando a um emprego estatal para solucionar a decadência familiar ou a perda de fortuna, no sentido mais maquiavélico do termo) preservar seu jeito de peça descentrada, sem eixos muito claros. Para não se comprometer? Não, para dizer, quando o compromisso se produz, que foi produto de uma consciência livre, incondicionada. Como evitar que essa tentação paire sobre a consciência do intelectual progressista de nossa época? Ela é muito mais forte que qualquer coisa que os sociólogos digam sobre (ou contra) ela. Vejamos um pequeno exemplo. O que dizer da presença de Carpeaux na vida cultural brasileira? Ele pertencia a uma Viena na qual se desenvolveu a literatura de Kafka e de Robert Musil, as experiências musicais de Schoenberg, o expressionismo na pintura, a filosofia da linguagem de Wittgenstein e seus discípulos, a psicanálise de Freud... e enfim Kokoschka, Rilke, o empirista Mach criticado por Lênin, o filósofo suicida do sexo Otto Weininger, os "austromarxistas" e tudo isso numa configuração política — o Império Austro-húngaro — que a história pulverizaria. De repente uma drástica mudança de contexto cultural põe em contato um homem educado em problemáticas da Europa cinzenta, bélica, decadente e assustadoramente criativa com um "caloroso país tropical"... O contato não podia deixar de ser frutífero para ambas as partes, confirmando que o intelectual é aquele que está preparado para considerar criativa uma aproximação de processos culturais tão heterogêneos. Sempre há algo aberto e mudo nessa pororoca. Não podemos "transladar" Viena para o Rio de Janeiro, mas também não podemos *carioquizar* a psicanálise, como um psicanalista da Zona Sul frisou estar conseguindo, numa reportagem da revista *Playboy*. Assim, provavelmente, nem consiga entender a psicanálise, nem compreender os modos culturais em que se desenvolve a vida urbana no Rio.

O que são Intelectuais

Nos finais do século XIX, os mais destacados escritores e homens públicos que militam na defesa de Dreyfus — oficial francês de origem judaica, injustamente acusado de espionagem no bojo do ressurgimento do anti-semitismo na França — publicam um *Manifesto dos Intelectuais*, e talvez seja a primeira vez que a palavra aparece associada a um conteúdo com o qual se familiarizou na nossa época. Assinam o Manifesto Anatole France, Zola, Marcel Proust, Léon Blum.

A direita francesa, pela voz de Maurice Barrès, responde: "Todos esses aristocratas do pensamento vêem-se levados a afirmar que eles não pensam como a vil multidão". Já estão formulados aqui os termos do confronto em seu aspecto mais sumário e epidérmico, embora inexato.

O que sugere esta bem conhecida história?

Por uma parte, é próprio do ofício do intelectual arvorar-se em defesa de valores transcedentes para a sociedade. Por outro lado, essa defesa se assume sem que, para tanto, se receba necessariamente algum mandato da sociedade. Mas se as grandes causas têm sua força nas feições que um "manifesto dos intelectuais" lhes poderia dar, também aí podemos encontrar sua provável fraqueza. Inimigos dessas causas lançarão mão, em primeiro lugar, do argumento de que o intelectual nada representa, que no fundo considera "vil" a "multidão" e que, quando a ela se dirige, é para tirá-la do conhecido e seguro e jogá-la no inóspito perigo de uma luta, cujos custos mais pesados não será o intelectual o primeiro a pagar. Certamente, tal como a recebemos das lutas sociais francesas do século XIX, a palavra "intelectual" vem com uma conotação já pronta — e ainda hoje em uso — que converte as pessoas que designa em monges ilustrados pela justiça ou em vilões que se satisfazem com convulsões cujos perigos não iriam imediatamente provar.

Mas sem ser esta uma conotação correta (e nosso passeio pode tê-lo demonstrado), está sempre pairando quando se fala sobre "intelectuais" e, em não escassa medida, contribui para dar interesse ao tema. O interesse não se liquida, pelo contrário, aumenta, quando um tema tem um forte envolvimento pejorativo, e essa situação, não raro, é a seta que nos conduz aos verdadeiros núcleos de significado inseridos numa realidade. No nosso itinerário, não desprezamos estes componentes. Não faltam exemplos recentes que conduzem a tomar uma atitude assim. Quando um cineasta que pertenceu ao "cinema novo" anuncia um processo de "auto-educação" para (a propósito da filmagem das peripécias de uma dupla de cantores sertanejos) não deixar que valores "alheios" ao universo que é filmado sejam deturpadoramente incorporados na obra, é evidente que nos encontramos diante duma situação onde está envolvido o problema do "intelectual" face às diversas manifestações da

O que são Intelectuais

"cultura popular". Tanto a afirmação como a condenação desta atitude envolvem traços pejorativos que, entretanto, também coincidem (com muito pouco esforço a mais) com uma apresentação mais rigorosa dos termos do problema. Igualmente, trata-se do mesmo caso, quando um autor de filmes humorísticos que atinge uma faixa muito pouco exigente do público tenciona revalidar-se junto a setores de gosto mais apurado (não sem ironizar, por ter certeza de estar implantado na camada mais expressiva da população), anunciando que suas próximas obras terão música de Chico Buarque, além de escolher um diretor para fazer um documentário sobre sua vida, em razão de ser "professor da PUC". É claro que, nestas observações, está presente a "questão de intelectual": *primeiro*, na suposta inabilidade dos intelectuais para atingir maciçamente a população; *segundo*, na habilidade que nessa mesma tarefa têm os mobilizadores culturais que trabalham com conteúdos diretos e imediatos ligados supostamente a essas populações; *terceiro*, na utilização (certamente vicária, mas nem por isso despojada de sutil admiração) dos meios expressivos e dos símbolos habitualmente vinculados aos estratos culturalmente mais "cultivados". Também aqui nos encontramos, agora, com uma definição de intelectual associada com práticas "não populares". Entretanto, a utilização mais abrangente do conceito intelectual (como próprio de qualquer processo ou manifestação cultural) o faz apropriado para estendê-lo a todas as camadas da população. Este paradoxo — pois a interpretação "pejorativa" nos leva de imediato à interpretação "sociológica", que aparentemente é sua oposta — é inseparável da "questão dos intelectuais". Por vezes o intelectual sente a tentação de endereçar sua tarefa em direção a um centro irradiador de sentido, aí onde se encontraria *O Príncipe*. Já vimos isto em Malraux. Ainda sendo portador de outros valores, esta situação em alguma coisa não muda se pensarmos na relação de Marcuse com o movimento estudantil francês na década de 1960. O "príncipe" era um novo sujeito social, com novas perspectivas mobilizadoras, o movimento estudantil, que por sua vez difundia por todo o mundo uma obra filosófica como a de Marcuse, que no que tinha de fundamental já tinha sido escrita quase vinte anos antes, no seu exílio norte-americano. Mas a "tentação do príncipe" pode dar-se ao invés, e o intelectual, na interpretação mais restrita do conceito, passar a ser "o príncipe" ao qual se encaminham os dados crus, embora sugestivos, da vida real, à procura de respostas. Assim encaminhou-se Marilyn Monroe (não é o melhor exemplo, mas é o mais incisivo) ao dramaturgo Arthur Miller, para descobrir, segundo conta Norman Mailer em sua excelente biografia da suicida, que ela era, finalmente, portadora de valores e

O que são Intelectuais **123**

talentos mais densos do que ele.

Apesar das muitas tentações, a interpretação "sociológica" não foi, pois, convocada para resolver nenhuma de nossas incógnitas: então, uma última palavra sobre isto. Abundam as análises sobre como o intelectual contribui, com sua prática específica ligada ao conhecimento, para a criação da *mais valia* no modo de produção capitalista. Sem contar os inúmeros trabalhos recentes sobre o papel do chamado "trabalho improdutivo", esta problemática encontra-se expressada originalmente n'*O Capital,* em relação à ciência e ao trabalho científico entendido, também, como força produtiva. Nas últimas décadas, os ensaios do filósofo francês Louis Althusser e seus discípulos exploraram até suas últimas conseqüências a interpretação "produtivista" da prática intelectual. No caso, tratava-se de identificar uma prática especial, chamada "prática teórica", que não caracterizaria a intervenção dos intelectuais no sistema produtivo, mas numa esfera estritamente conceitual, onde, à imagem do que acontece com as forças produtivas, produzir-se-iam "conhecimentos científicos". É evidente que uma opinião deste tipo não permite avançar na compreensão do ninho de conflitos políticos e estéticos que é a consciência intelectual de todas as épocas, substituindo-a pela ação demiúrgica de um "funcionário teórico" que apaga de sua consciência todas as incógnitas culturais da época. O "gramscianismo" que nos últimos tempos invadiu as universidades latino-americanas também teve sua parte de responsabilidade na interpretação, certamente acanhada e da qual o próprio Gramsci ficaria surpreso, segundo a qual todo intelectual é um *funcionário cultural*, e toda e qualquer camada cultural cria suas expressões culturais "orgânicas".

O pensamento libertário de nosso século, por sua vez, descreveu um curioso itinerário: ele considerou, em suas interpretações mais rigorosas, que os intelectuais formam parte da sociedade opressora, para reaparecer, muito mais próximo de nós, fazendo a apologia da desvinculação da produção direta como única garantia para se pensar e agir revolucionariamente numa sociedade. Por isso, é aqui, nestas peripécias do pensamento libertário, que podem encontrar-se os "segredos" e vacilações da interpretação "sociológica" da prática intelectual. Com efeito, quanto mais nos aproximamos da idéia do intelectual como "organizador da cultura" e como "produtor de conhecimentos", mais aparece a *necessidade* oposta de identificar o intelectual como um caminho biográfico, subjetivo, particular e surpreendente de se relacionar com o mundo social. (Dessa *necessidade*, pode-se dizer, surgiu este livro.) E quanto mais teima o intelectual em cultivar seu *afastamento maravilhoso* da vida social objetiva, mais aparece a *tentação* de considerar, opostamente, que "todos são

O que são Intelectuais 125

filósofos", ou que "todos são assalariados", ou que o "saber popular" contém o germe de todas as respostas conceituais possíveis. (E portanto, também esta *tentação* alimenta este livro.)

Na verdade, se disséssemos que "todos são assalariados que desenvolvem trabalhos na área cultural", ficaríamos sem saber distinguir por que o modo intelectual de Oswald de Andrade — por exemplo — é diferente do modo de Jorge Amado ou de Nelson Rodrigues. Na década de 1940, Oswald criticou-os. E essa crítica não poderia ser suprimida sob o peso de uma mesma função social. Mas se disséssemos que as propostas "arlequinescas" ou "antropofágicas" estão em condições de cobrir todos os dilemas intelectuais do momento, sem dúvida também ficaríamos sem saber como os movimentos sociais de nosso tempo originam impactos nos organismos culturais e nas correntes de pensamento, sendo por sua vez atraídos por estas. De alguma forma, todos somos "pós-gramscianos", e, se soubermos conviver e nos precaver dos exageros "sociologizantes", é necessário reconhecer que agora fica mais fácil compreender como uma grande mobilização social — digamos, a greve no ABC em 1980, para sermos concisos no exemplo — comove profundamente as entranhas do trabalho e da vida intelectual. É por isso que este livro não é um livro de sociologia da cultura (como seria o habitual neste tema), embora tenha uma "gravidez sociológica", pensando que assim, como tentação e gravidez, ela possa aparecer mais viva, menos improdutiva.

Mas, na verdade, o intelectual vive a contradição de origem com o "não trabalho". Cada um a toma de uma forma diferente. Alguns com remorso, outros com orgulho, alguns sem temor de "punidos por seu aristocratismo", outros com a tentação de abandonar tudo à espreita de algum surto populista. Theodor Adorno, um intelectual alemão dedicado durante 40 anos à filosofia e à sociologia da arte, gostava de exemplificar esta situação com a célebre parábola de Ulisses. O viajeiro passa diante dos rochedos das sereias e quer escutar o canto mortal. Como resolver a contradição? Gozar e evitar a morte ao mesmo tempo? Sabemos qual foi a solução. Os remadores de sua embarcação evitariam ser atraídos para os rochedos, pois nada escutariam, tendo o astucioso Ulisses lhes tapado os ouvidos. Por sua vez, ele se faria atar ao mastro da embarcação. Adorno conclui que aí estão as bases de uma prática intelectual baseada na dominação. Um gozaria às custas dos demais, que trabalhariam ausentes da vida real e de seus estímulos sensuais. Esses seriam os proletários. O "senhor" Ulisses, todavia, pagava também um preço alto para desenvolver o prazer: era impedido de criar através do ato do trabalho. Adorno procurou toda a sua vida uma resposta para este problema de exercer uma prática intelectual que não reproduzisse a dominação imperante. Em 1969, dando aulas numa universidade européia, uma aluna fica nua diante dele. O que queria significar esse gesto? Adorno — da mesma forma que os pensadores de sua corrente filosófica, agrupados na chamada "Escola de Frankfurt", supervalorizava a possibilidade de superar a dominação através do exercício de uma ação especificamente intelectual, denominada "teoria crítica". O protesto de um corpo nu era um apelo a reconsiderar os dados primários do corpo, o conhecimento pela via da sensualidade, que é capaz de produzir um corte brutal e feliz na continuidade do mundo cinzento das escrivaninhas, dos quadros-negros e da disciplina nas salas de aula. Pouco tempo depois Adorno morreu de um enfarte, intimamente abalado pelo espetáculo que tinha presenciado: a *crítica* do corpo contra a *teoria crítica*.

Mas essa é a questão dos intelectuais, se queremos entendê-la sem "sociologismos" banais. Procuram-se os dons mais altos da humanidade, que são a ciência e a inteligência, como diz o Mefistófeles de Goethe. Mas ele mesmo adverte: se assim não for, entregas-te ao diabo e estás perdido. O intelectual, então, é esse aí. Aquele que procura, sempre acompanhado pelo diabo.

INDICAÇÕES PARA LEITURA

Muito bem, o guia da galeria fez sua reaparição muito tarde, com um pequeno sorriso de desculpa. Apenas nos entrega uma lista de livros para aprofundar nosso conhecimento da "questão dos intelectuais". Ei-los aqui:

- Os *Cadernos do cárcere,* de Antonio Gramsci, fonte inesgotável de reflexões sobre nosso tema, estão inteiramente publicados em português pela Civilização Brasileira. São 4 volumes. Qualquer deles, começado a ler por qualquer lado, serve para despertar respostas e novas interrogações. São particularmente úteis os publicados sob o título de *Os Intelectuais e a organização da cultura* e *Literatura e vida nacional.*
- *As Palavras*, de Sartre, é uma leitura que conserva toda a sua inspirada e imaginosa força.

O que são Intelectuais

Para os muito jovens com desejos de saber o que se discutia há vinte anos, ou para os muito nostálgicos, também seguem aí os ensaios recolhidos sob o título de *O que é literatura*.

- De Simone Weil acabam-se de publicar em português seus ensaios em forma de coletânea, sob o título de *A Condição operária e outros estudos sobre a opressão* (Paz e Terra).
- O historiador Lucien Febvre tem uma coletânea publicada em português pelo professor Carlos G. Motta. Nela encontra-se seu *Problemas da descrença no século XVI* (Editora Ática).
- A bibliografia brasileira contemporânea não é muito abundante, mas é substanciosa e inspira muitos motivos de discussão. Carlos Guilherme Motta tem seu *Ideologia da cultura brasileira* (Ática), Sergio Miceli publicou um volume intitulado *Intelectuais e classe dirigente no Brasil* (Ed. Difel). Antes disso, era fonte de atrativas polêmicas o estudo de Roberto Schwartz, intitulado *Ao Vencedor as batatas* (Ed. Duas Cidades).
- O professor Michel Löwy publicou recentemente um volume intitulado *Sociologia dos intelectuais revolucionários* (Ed. Ciências Humanas), onde se estuda exaustivamente o "caso" Lukács.
- Para os interessados no "caso" Max Weber, estão aí os textos fundamentais de Maurício Tragtenberg, *Burocracia e ideologia*, e de Gabriel

Cohn, *Crítica e resignação*.
- Quem desejar abordagem onde as polêmicas estejam à flor da pele, a Brasiliense publicou *Patrulhas ideológicas*, um conjunto de reportagens de Heloísa Buarque de Hollanda e Carlos Pereira. No mesmo sentido, não pode ignorar-se *O Afeto que se encerra*, de Paulo Francis.
- Para quem se interessa por reflexões sobre a questão do papel dos intelectuais em ciências sociais, basta recorrer ao volume de Florestan Fernandes, *Sociologia no Brasil*, e também no mais recente *As Idéias e seu lugar*, de Fernando H. Cardoso.
- Na coleção " Primeiros Passos ", da Brasiliense, há outros volumes intimamente relacionados com nosso tema. Não faz mal consultá-los. São eles *O que é a ideologia*, de Marilena Chauí, *O que é o anarquismo*, de Caio Tulio Costa; *O que é o jornalismo*, de Clóvis Rossi, *O que é a indústria cultural*, de Teixeira Coelho, e *O que é poder*, de Gérard Lebrun.

Biografia

Ex-professor da Universidade de Buenos Aires e da Universidade Del Salvador, também de Buenos Aires. Ex-professor da Escola de Sociologia e Política de São Paulo. Colaborador do Jornal *Leia*.

Caro leitor:
As opiniões expressas neste livro são as do autor, podem não ser as suas. Caso você ache que vale c pena escrever um outro livro sobre o mesmo tema nós estamos dispostos a estudar sua publicaçãc com o mesmo título como "segunda visão".